纵横职场的心理宝典　安享生活的致富秘籍

上班要懂心理学
下班要精经济学

刘川◎编著

经典珍藏版
JINGDIAN
ZHENCANGBAN

中国纺织出版社

内 容 提 要

人情社会,每个人都各怀心事,了解心理学,才能看透人心、巧用关系、占尽先机,纵横于职场。经济市场,人人心里都有一笔账,精于经济学,才懂得合理开销、聪明理财,坐拥财富,安享生活。

本书从上班要懂心理学、下班要精经济学两方面入手,教会读者在职场中运用心理学来洞悉人心,从而平步青云,打拼出自己的事业;在生活中巧用经济学进行理财,进而收获财富,享受富裕惬意的生活。

图书在版编目(CIP)数据

上班要懂心理学 下班要精经济学/ 刘川编著.—北京:中国纺织出版社,2012.8(2024.5重印)

ISBN 978-7-5064-8701-6

Ⅰ.①上… Ⅱ.①刘… Ⅲ.①职业—应用心理学—通俗读物 ②经济学—通俗读物 Ⅳ.①C913.2-49 ②F0-49

中国版本图书馆 CIP 数据核字(2012)第 112070 号

策划编辑:曲小月 闫 星 责任编辑:张冬霞
特约编辑:胥素洁 责任印制:陈 涛

中国纺织出版社出版发行
地址:北京东直门南大街 6 号 邮政编码:100027
邮购电话:010—64168110 传真:010—64168231
http://www.c-textilep.com
E-mail:faxing@c-textilep.com
北京一鑫印务有限责任公司印刷 各地新华书店经销
2012 年 8 月第 1 版 2024 年 5 月第 2 次印刷
开本:710×1000 1/16 印张:16
字数:182 千字 定价:39.80 元

前言

古龙有句名言"人心即是江湖"。现在看来,公司才是大江湖。在这个奇异的江湖里,有人悲,有人喜,有人玩得风生水起,有人落得众叛亲离。究其原因,不是背景,不是学历,而是两个字:关系。

如何处好关系,那是一门大学问。有人说,办公室就是一个暗流涌动的名利场。这个名利场还有一个当下流行的称谓:办公室政治。有人的地方就有政治,怎么才能在所谓的办公室政治里,做到游刃有余? 还是两个字"心理"。我们相聚在一家公司的目的大多是为多加薪水,快快升职,实现自我价值,于是博弈就此产生。

在紧张气氛中工作,大家都会时刻绷紧弦,在保护自己免出差错的同时使自己出类拔萃,以赢得更大的权益,因此,在当今这个竞争激烈的商业社会里,上班对大部分人来说都是疲于奔命的,如果在工作中不懂处世技巧,就会影响我们的生活质量。如果想有一个好的工作环境,最好先找对自己的定位,然后进行沟通,当遇到解不开的烦琐事时,可以求助于心理老师。当然,心理老师并不能帮我们解决一切问题,这就要靠我们平时积累一些心理学方面的知识,灵活运用!

心理学看似是书面上的知识,其实是与我们的生活息息相关的,无论是健康养生,还是日常交往,无论是求职社交,还是婚恋教子,都会受到心理的影响。如果我们能轻松调控自己的心理情绪,就能使自己积极、乐观地对待所有问题；如果我们能轻松地洞察对方的心理，就可以实现完美的交际。学好心理学可以让我们在社交、爱情、管理、养生等诸多方面占尽优势，游刃有余。

对于上班族来说，下班后除了休息娱乐之外，还要学会用经济学的常识去创造属于自己的财富。

很多时候，当有些人相信上班就可以改变一生的时候，有些人早已经用下班的时间打造自己的"印钞机"了。当前者对工作可以致富产生怀疑的时候，后者早已经是"成功人士"了。

其实，很多人都是利用业余时间的努力使自己的身价倍增，而当他们在付诸行动之前，往往是让自己先对经济和财富有了明确的认识。所以，我们要获得财富，就必须改变我们的财富观念。

本书的上篇即用通俗易懂的语言，从贴近现实工作生活的常见案例出发，为您解析生活中的心理学。下篇则教您在生活中巧用经济学进行理财，进而收获财富，过上惬意的生活。发人深省的故事，诙谐精炼的语言，可以让您在学习心理学和经济学的同时，享受阅读的快感。

拥有本书，你就会懂得职场心理学对工作的重要性，从而跨越各种心理障碍，快乐工作。

拥有本书，你就会了解经济学对日常生活的辅助作用，从而利用一切可以利用的资源快速走向富裕之路。

编著者
2012 年 5 月

C目录 CONTENTS

上篇　上班要懂心理学

下篇　下班要精经济学

上篇

上班要懂心理学

第 **1** 章

情绪心理学：把握情绪的力量

　　情绪是我们生活中非常重要的一部分，在各种场合我们都需要掌控自己的情绪，以适应社会和生活所需。

　　特别是在工作中，要正视压力，不被它击倒，学会宽容，学会感恩，感谢身边的每一个人，因为他们的存在，我们的生活才如此丰富多彩！

做自己情绪的主人

崔永元：做自己情绪的主人

崔永元，央视"名嘴"，曾任《小崔说事》、《实话实说》主持人，现任《电影传奇》制片人。

2002 年，崔永元突然离开央视，直到 2005 年之后人们才得知，那时他生了很严重的病——抑郁症，严重的情绪障碍让他在很长时间里都想自杀，医院不得不 24 小时把他监管起来。

小崔由于工作压力大导致睡眠障碍，最后形成了抑郁症。他并不害怕这种病，因为他知道病因，就是想把《实话实说》做得一期比一期好。他离开观众的视线两年，这两年里，他尊听医生的建议，该做什么就做什么，按时吃药，而且积极面对生活。最终他的抑郁症治好了。

崔永元的事告诉我们，思想上的疾病是一种看不见的病症，当我们太过沉溺某种情绪时，就会给身体带来很多困扰。他并非为了评职称或者收视率，而是本着一份电视从业人员的良心，逼自己把节目做到最新最好，于是经常焦虑到一整晚都睡不着觉，最后患上了抑郁症。

我们在与他人交流时，无论是否面对面，都在不断表达着自己的情绪。情绪的意义不仅能通过语言表达出来，姿势、眼神，也同样可以。笛卡儿相信情绪控制着决定人类行动的因素，而且心理研究中，除了弗洛伊德外，大家都不认可有无意识情绪。所以，我们要学着控制自己的情绪，同时要表达我们的真实情绪，这样才有利于身心健康。

像愤怒、悲哀、恐惧等这种短暂的、急剧的强烈情感在心理学中都被称为情绪。情绪可以决定我们做事的态度，而态度决定成败。所以我们一定要时刻调节好自己的情绪。崔永元调侃他会患上抑郁症就是因为希望把《实话实说》越做越好,期期都好,最后却因为患上抑郁症而离开了那档节目。在一种高压的情况下,人很容易产生焦虑,当然过度的焦虑就容易引起情绪障碍。一个处于情绪障碍中的人,又怎能很好地完成工作呢?

正视生活,接受生活难以如愿的那部分。这对调节好情绪是非常关键的。我们不能总是给自己定下非常高的目标,因为目标和现实生活总是有差距的。

情绪是一把双刃剑,如同崔永元讲的那样,得抑郁症的人都是天才,比如川端康成、海明威或是张国荣,他们能体会到非常深刻而细腻的情绪内容。抑郁症也是极为复杂的情绪障碍,且是正常人以温和方式体验不到的一种情绪状态。我们可以被一些积极的情绪激发出灵感,也会因一些消极的情绪耗费能量。

运动能帮助人体释放情绪能量,当我们觉得被生活压得喘不过气来的时候,出门走走,这是一个非常不错的选择。来自职场或者家庭里面的压力在我们面对大自然的时候都能快速释放。要保持一种平和的心态,相信那些绚烂之极的烟火最后也会归于平淡,我们最需要的是最平常的生活。

我们不可隐瞒自己的真实情感,真实的高兴,真实的愤怒,真实的悲伤,真实的情绪才会带令人信任。而且我们的行为会在不经意间出卖我们的情绪。如果我们假装愤怒,也许会变成真的愤怒。生活已经不易,想笑就该大笑,想哭就应大哭,要做自己真实情绪的主人。

作家亦舒曾在书里写道,沉迷于任何情绪都不好。太过爱一个人会盲目,太过恨一个人会伤身,太过忧虑会生病。我们要学会管理好自己的情绪,保持平和的情绪状态,让自己快乐,快乐的心绪能让一个人变得有活力,做事更有效率。一个能控制好自己情绪的人,他的成功之期才不会遥远。

保持好心情

马寅初：宠辱不惊，去留无意

"宠辱不惊闲看庭前花开花落，去留无意漫观天外云展云舒"有谁能想到这么富有闲情野趣的对联会是马寅初老人在他最窘迫的时候写的呢？

1957年，马寅初已至花甲之年，发表了《新人口论》，那时的马老已经敏锐地、及时地发现了人口增加过快对整个国民经济的严重影响。由于当时领导人的意见不确定，以至于马老的研究未能及时在国内产生效果。

在那段艰难岁月里，文人志士遭到批评和处置的有很多，马老也未免于难。违心的检讨甚至"认罪"的人不在少数。马老的可贵之处在于他为国为民坚持真理，未写过一个字的认错书。马寅初遭到批评后，辞去了北京大学校长的职务离开燕园。陈毅元帅拜访马老时说："你的人口理论完全正确，一定要坚持，不检讨是对的，我支持你！"

1982年，马老以101岁高龄谢世。他长寿的秘诀跟他个人的心态肯定有很大关系。

经过生理学家研究，当一个人心情好的时候头脑处于最活跃的时期，尤其是思维特别灵敏。心情好做事效率自然高。其实好心情并不是指兴奋，兴奋就像烟火一样容易熄灭，好心情是能持续的一种平静的情绪，一种遇事宠辱不惊、从容不迫的状态。保持平静的心情才能做好事情。

马克思有句名言："一种美好的心情要比十服良药更能解除生理上的疲惫和病理上的痛苦。"如今这个快节奏的社会，人们总是把"我晕"、"我郁闷"这样的口头禅挂在嘴边。心情是一种持续的情绪，可以长时间影响一个人对事情的看法。心情不但影响着人们的身心健康，还影响着人们的生活质量,更影响着事情的成败。所以调整好心情和想着如何做好事情一样重要。

一位哲人曾经说过:一个人的心态就是一个人真正的主人,要么你去驾驭生命,要么是生命驾驭你,而你的心态决定谁是坐骑,谁是骑师。愉悦的心情并不能长期持续,但是我们要保持一种平静的心态。摆脱忧虑、驱逐烦恼、平息怒气,这需要一个过程,一个由心理失衡到心理平衡的过程。平静的心情能使人视野开阔、思路纵横,不管遇到多么烦心的事,都会尽可能寻出合理的一面,从而获得平静。

那种认为"我美丽、我成功、我富有之后,我就会快乐"的想法是不切实际的,我们应该先让自己快乐起来,推己及人,然后才能更好地面对生活。人如果长期处于压抑和不开心的心情下,面容会变得晦暗无光,白发增多,忧郁寡欢的不良心情会导致内分泌失调,脾胃不和,造成皮肤细胞合成黑色素的沉着。忧愁还能影响皮肤供血,使人的面容失去光泽、反应迟钝。而人心情愉快时,则精神焕发,反应灵敏,心脏跳动更均匀有力、肺活量增加、肠胃蠕动加快,呼吸系统都能得到很好的护养。因此保持良好的心情,性情会豁达开朗,会令人洋溢着迷人的风采,激发出意想不到的灵感和创新思维!

人一生下来时与别人并没有太大差别,而在人生际遇中不良心态却会导致不同甚至完全相反的命运。想要时刻都过得愉快,那就得让自己的心情永远都在自己的掌控之中。如果事后才后悔莫及,不但于事无补,可能还会导致抑郁的心境。

我们带着灰色的眼镜看世界,世界肯定也会呈现给我们灰色的一面,心情也是一样,我们用快乐的心情面对世界,世界才会回报给我们快乐。

气大伤身，心态要平和

气大伤身

一位生理学家做过这样一个实验：把一支支玻璃管插在正好是零摄氏度的冰水混合容器里，然后收集人们在不同情绪状态下的"气水"，并描绘出人生气的"心理地图"。结果发现，当一个人心情愉快时，呼出的气溶于水后是清澈透明的；悲痛时，水中有白色沉淀的感觉；生气时，有紫色沉淀的感觉。生理学家把人在生气时呼出的"生气水"注射在实验用的白鼠身上，几分钟后白鼠就死了。由此他得出结论：生气十分钟会耗费人体大量能量，其程度不亚于参加一次远距离赛跑。生气所引起的生理反应特别强烈，产生的分泌物比其他情绪所产生的都复杂，并且具有毒性。会造成内分泌紊乱，破坏身体的平衡！

伟大的作家荷马·克罗伊说："过去我在写作的时候，常常被公寓照明灯的响声吵得快要发狂。后来，有一次我和几个好朋友出去郊游，当我听到木柴烧得很旺时的声音，猛然想到：这些声音和照明灯的响声比较，我会喜欢这个照明灯还是喜欢烧木柴的声音呢？回来后我暗暗告诫自己：火堆里木头的爆裂声和照明灯的声音也差不多。我完全可以睡我的大觉，完全不用去理会这些自然的声音。结果，头几天我还在意它的声音，可不几天我就完全适应了它。"

从生理学家的实验中我们知道，一个人在生气的时候，对身体的伤害非常大，其毒素甚至可以毒死一只老鼠。那么生活中经常生气的人，他们岂不是在慢性自杀吗？暴躁的脾气简直就是给健康的身体注入了毒药。

其实，要克服一些小事引起的烦恼非常简单，把重心和注意力转移一下就行了。

哲人说过:我们在盛怒之下打出的每一拳,最终必定会落到我们自己身上。

容易暴怒的人几乎成就不了任何事。我们在为人处世中肯定会遭遇很多困难,倘若因一点小事就火冒三丈,又何谈完成什么大事呢? 人在情绪不稳定的时候,所做的决定经常都是突兀的、不理智的,所以压抑那些有危害的情绪,是一个人追求成功的必修课。

在生活中,每个人都会遇到不如意的事,有的人会因此大动肝火,结果把事情搞得越来越糟。如果我们不钻牛角尖,就会发现,世界上几乎任何事都可以找到一个和平的解决方案。盛怒之下一定不要想着怎么去解决问题,因为这时想到的都是令火气更大的理由。我们要想方设法令自己平静下来,一旦平静下来,就会觉得自己没必要这样大发脾气。那些能把自己的情绪控制好的人总能坦然自若地面对各种问题,从而使自己立于不败之地。

所以,遇事要冷静,保持平和的心态在紧要关头,只有冷静能拯救自己和他人。曾有一名公交车司机在岗位上心脏病发作,在病痛中,他做了件非常了不起的事情,他坚持把车开到路边让乘客下车。车上的人们还没有意识到自己刚刚极有可能经历一场大灾难。要不是司机的冷静,后果不堪设想。

冷静就像夏夜的一缕习习凉风,让我们倍感清凉。冷静又如那雨后天晴的彩虹,让我们赏心悦目。暴怒就如同烈火中的燃气罐儿,暴怒就如同积雨云里的闪电。冷静是理性、大度的深刻感悟。而暴怒就像魔兽,它控制人的情绪时使人变得疯狂。

动辄恼怒的人根本沉不住气,所以也就不要指望他能担当重任了。容易恼怒的人经常会被冷静的人击败。可见,要想使自己健康生活并有所成就,就要保持平和的心态,尽量少生气。

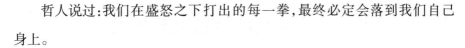

把自己从紧张的情绪里解救出来

小公务员之死

一个公务员拿着望远镜兴高采烈地看着戏剧。他看着演出,感到无比幸福。但突然间……他打了个喷嚏,他不由得慌张起来。他看到,坐在他前面第一排座椅上的一个小老头,正用手套使劲擦他的秃头和脖子,嘴里还嘟哝着什么。公务员认出这人是三品文官,他在交通部门任职。

公务员赶紧低下头去赔礼道歉,"将军,对不起,我刚刚喷嚏喷到您身上了"。

"没什么,没什么。"

"请您原谅。要知道,我不是有意的,请原谅,看在上帝的分上"。

"哎,请坐下吧!听戏吧!"他唯唯诺诺的态度让文官有点生气。

公务员手足无措,他认为文官肯定在生闷气,他一定会被他惩罚,他已经感觉不到幸福。幕间休息时,他走到文官跟前,在他身边游来荡去,终于抑制住恐惧,小声地说:"大人,请您宽恕,打喷嚏不是我故意的,我溅着你了,我不是有意的。"

"哎,够了!我已经忘了,您怎么老提它呢!"文官说完,不耐烦地撇了撇下嘴唇。

公务员回到家里,向妻子诉说了他的不安,妻子同样认为他该再次去向文官道歉。他来到文官办公室,恭敬地说:"我是来向您赔礼道歉的,因为我打喷嚏时溅着您了,大人,我非常敬重你,而且希望得到您的……"

"滚出去!"忽然间,脸色发青、浑身打颤的文官大喝一声。

"滚出去?"公务员感到五雷轰顶般,文官让他滚出去。公务员跌跌撞撞地离开了文官的办公室。回到家,他觉得全世界都变成黑色的了,他觉得天都快塌下来了,他躺在沙发上再也没有醒过来,死了。

紧张,是比忧郁和悲痛等更容易导致情绪障碍的一种心理状态。紧张,其实就是焦虑,焦虑症是生活中非常普遍的心理疾病。那么,为什么人会有这样的紧张情绪呢? 原因非常简单,因为他对将要出现的情况不能接受。比如怯场的人,通常都是完美主义者。如果在众人面前丢脸,他会觉得如同天塌地陷。再说失眠症,失眠的人在睡前的紧张心理,就是因为对睡不好的后果极端的不接受。失眠的人刚吃过晚饭就会开始担心不能入睡,而到了睡觉时又对不能睡觉给第二天产生的影响担忧,这就是焦虑。当人处于这样一种极度紧张状态时,人的神经就会接受指令一直工作,将要出现的危险状态会使人的敏感神经系统兴奋起来,让人处于应急状态,这就是紧张。而睡觉的前提是神经必须要松弛。

那么,怎样才能驱逐焦虑呢。拿怯场的人来说,如果他能这样想,即使丢脸了,那又有什么关系呢? 只要我努力,最后总会不丢脸的。那么他就不会那么紧张了。轻微地转换一下思维,就能达到事半功倍的效果。

再如失眠的人,如果他并没有太担心睡不着该怎么办,反而是自在地等瞌睡找上门来,做一些让机体疲劳的事情,就算一整晚都睡不着,几天之后总会睡的。因为人的身体能够自我调节,下定反正睡不着也死不了人的决心,等身体强迫人体入睡,如此习惯之后就能慢慢改善睡眠。睡眠需要一种"天塌下来跟我也没关系"的神经松弛状态,我们的生活也一样。

如果我们只关注是否会成功呢? 只想着如何才能睡着呢? 反而会离成功和睡眠越来越远。急于求成经常会方寸全乱,如果冷静判断,并且暗示自己:"不急不急,什么事情都是一步一步完成的,焦虑紧张也没用,只要尽力了,总能完成的。"这样紧张被驱散了,更利于自己能力的发挥。

西方的静默祈祷,印度的瑜伽,日本的坐禅和我国的气功、太极拳,都可以应对紧张的情绪,让人独自做松弛性的暗示。当你觉得心气焦躁,无法专心于某事的时候,把心沉淀下来,跟着瑜伽或者太极,缓缓放松,享受片刻的平静。

另外,我们在安排工作计划时,就得考虑能完成的概率有多大。不能因为好高骛远而受挫折,引起情绪紧张。我们在做任何事的时候都该量力而行,能行就行,不行尽力而为。没必要让自己太紧张。在小公务员之死中,他把自己想象得过于重要,认为他的喷嚏损伤了和文官的关系,事实上文官可能之前都不认识他。

真诚相处也会减少对人际关系的焦虑。做人理该坦荡大气,与人为善。虚伪不仅使人厌恶,而且自己也会因此产生不安全感,会不自觉地猜想别人会不会得知真相。猜想别人是否也是如此虚伪,是否也在背后议讨论自己,这样惶惶不可终日,终究对自己有害,所以要做一个真诚而善良的人,以免自己陷入不必要的紧张里面。

如前面所说,情绪是一把双刃剑,紧张的情绪如果能得到好好利用也未必都是坏的。紧张是一种有效的反应方式,是应付外界刺激的准备,有了这种准备,便可以产生应付瞬息万变的困境的力量。倘若我们把紧张的情绪升华出来,用到学习或者工作中,紧张的时候精力都特别集中,也更容易完成一件事。这样,我们不但缓解了紧张,还能享受到完成任务后的满足感。

适当的压力会成为动力

压力是催生剂

娜娜是来自中国边境的一名大学生,家境不大富裕,她的汉语也说得没有其他同学好,虽说是上了大学,可是她的压力却比别人大很多。

不过娜娜是个不会轻易服输的女孩子,她给自己施加压力,一定要赶上其他同学。别的同学没课的时候在玩电脑、打游戏,她都在练习普通话和英语。当别的同学周末都睡懒觉的时候;她又出去做兼职了,即使不去挣钱,她也不会让自己闲着。后来娜娜不但普通话讲得很好,英语过了六级,也不用向父母拿钱了。

毕业后,在别的同学都漫无目的地找工作的时候,娜娜轻而易举地找到了工作。朋友都羡慕她,向她讨教经验,娜娜说,她大学的时候只不过压力比普通人大一些而已。

对于一名正在大学求学的学生来说,有压力,说明他的生活是丰富的,他正在向另一个层面过渡。就像旋转的陀螺一样,鞭策它的压力越大,它旋转得越快,一旦没有压力,它就会倒下。

小丽的父亲患了癌症,而她是家中独女,父亲患病期间她奔波在学校和家之间。偶尔她会哭诉压力非常大,她要照顾父亲和过惯了舒坦日子的妈妈,以及面对亲戚们在危难时刻翻脸的窘迫。不过她一一应对下来,送走了父亲,她瘦得只剩皮包骨头了,但是她却越来越坚强。她自己赡养母亲,在工作中也是强人。她从未抱怨过一句生活的不公,她说"上帝已经关了我的门,可是开给我的窗在那里呢。"

是的,压力会指导我们前进,让我们走向成功的步伐更快。如果整日无所事事,虚度时光,没有一点压力。那我们的生活一定是苍白的。

压力并不可怕,有时它不过是促人成功的一种因素罢了。抗得住的人最后胜利了,抗不住的人就只能牺牲在压力的"魔爪"之下。

人的每个阶段都会经历一些压力。珍惜眼前的一切吧,即使是被压力弄得喘不过气来,但这些生活很快就会成为过去,成为我们生活中的一部分。我们害怕它、仇视它,它也会来、也会过去,我们利用它、享用它,它也会过去。

面对形形色色的压力,我们要学着如何打倒它,把它当成动力而非惧怕它。

随遇而安,别让忧虑困扰你

忧虑要人命

阿晶的一位女领导去世了,她才53岁,因为过分忧虑而染上了肺部疾病最终不治身亡。阿晶刚开始接受不了这个事实,因为女领导慈眉善目、和蔼可亲,在单位也是官居要职,为何会忧虑至失去生命呢?

同事告诉她,这位领导是位非常有涵养的女性。即将退休的她发现每个月只能领到2000多元的退休工资,儿女远在国外,家里只剩她和老伴两个人孤苦伶仃的过日子。她前不久向单位要求提高自己的工资和待遇,却没有得到回应,久而久之,一口气闷在心里,最后没有缓过神来,直到去世前,她才发现自己太过忧虑了。

众所周知,在面对困境时,女人更容易被忧愁和烦恼所伤害。在生活中,女人也更容易表现出忧虑和不安,忧虑和烦躁几乎成了女性变老的最大杀手,不但会使内分泌紊乱,还会使原本聪明睿智、美丽温柔的女人做出意外的举动,影响生活和工作。

小玛丽出生在医药世家,当她们镇上白喉病肆虐时,她担心自己会感染这种病。由于整日忧虑,最后她竟然卧床不起,父亲诊断出她患了白喉病。这时候她反而能安心睡觉了。因为她相信父亲能治好她的病。在父亲的安排下,玛丽认真吃药和修养,很快就恢复了健康。

很多人都不愿意让自己随遇而安,仿佛这是和一些不良的习惯相承接的,事实上随遇而安是一种生活态度,努力去做能改变的,也要接受那些不能改变的。放开胸怀,生命才会多姿多彩。

与其担心那么多没必要的,不如把今天的事做好了,免得明天再忧虑今天的事。

英国诗人米尔顿写道:"你的心,可以创造一个天堂般的地狱,也可以创造出一个地狱般的天堂。"这并不仅仅是一句文学上的诗句,选择生活的主动权就在我们自己手中。我们愿意生活在天堂那便会使自己的生活至少能接近天堂,我们愿意生活在地狱,就能让自己的生活如同地狱。

不沉迷于忧虑中,随遇而安,并不是一种无作为的懒惰。我们能在逆境中不卑不亢,在顺境里怡然自得,没有被一些东西束缚着,这才是随遇而安。

随遇而安是一种心情,更是一种态度。就像那春往秋来年年迁徙的候鸟,它们不会忧虑明天的家会在哪里,它们会保持好体力更快地到达目的地。倘若它们忧虑,吃睡难安,恐怕只能冻死在迁徙路上了。

随遇而安就不是没有追求,随遇而安不是惰性,懒惰和随遇而安并没有真正的联系。有追求的人更要懂得如何偶尔让自己随遇而安才能取得成功,才会提高生活的品质。

宽容就是放下对自己的惩罚

宽容是一种修养

在美国加州的一所中学发生了一起学生枪击案,一个男孩杀死了三名无辜的同学。孩子们的父母很悲伤,非常憎恨这个引起枪击案的男生,希望法律能给予最公正的判决。

只有一个母亲自始至终都没有对男孩发表言论,她平静地看着男孩,没有说一句攻击他的话。其他孩子的父母问她为什么能这么平静,这位母亲说道,"我们的孩子已经走了,没办法再改变这个事实,我们应该用宽容的心对待活着的人,更何况他还是个不知道怎么面对生命的孩子。"

这样一位有宽容之心的母亲,她的孩子在天堂听到她说的话也能被感动。她能放下偏执和愤怒,用一颗博爱的心对待杀害自己孩子的凶手,令人敬佩和叹服。

每个人有犯错的时候,我们也需要别人的原谅。在社会生活中,人与人接触时,难免发生磕磕碰碰,如何处理这种磕磕碰碰,却是因人而异。有的人处理起来简单而无理,把一件小事自导自演得一发不可收拾,大有不闹出命案不罢休的态势。相反,有的人处理起来却是本着宽容之心,大事化小,小事化无,给他人颜面,也给自己留了回旋的余地。

我们在小事上斤斤计较,据理相争,回头看看有何用呢?争到了什么呢?也许这会儿自己有理,也许是争到了理,但是现实生活中仅靠一个"理"字是解决不了所有问题的。和为贵,忍为高,凡事退一步海阔天空,懂得宽容的人才是真正的智者。

荀子曾言:君子贤而能容罢,知而能容愚,博而能容浅,粹而能容杂。意思是说君子贤能而能容纳无能的人,聪明而能容纳愚昧的人,知识渊博而能容纳孤陋寡闻的人,道德纯粹而能容纳品行驳杂的人,这是一种海纳百川、有容乃大的至高境界,不会宽容别人的人,是不配受到别人宽容的。

宽容别人,其实就是宽容我们自己,宽容的受益人不只是被宽容者。因为在宽容别人的同时也释放了自己,让我们远离怨恨与嫉妒,就是远离痛苦、愤怒和绝望。宽容别人的过错、缺点与不足,宽容旁人的无意冒犯,都是另一种善待自己。

宽容是一种豁达的心境,只有拥有一颗宽容之心,才能乐观面对人生。宽恕别人的同时,不但给了别人机会,也取得了别人的信任和尊重,我们也能够更好地与他人和睦相处。宽容是一种勇敢,而非软弱。

一个人从出生起，就会遇上各种不如意，即使最要好的朋友身上也有自己不喜欢的缺点，即使自己的父母也有自己不看好的地方，即使自己的配偶也会有让自己讨厌的习惯。这些倘若一一计较，日子肯定没法过了。只有秉持一颗宽容的心，方能真正快乐。

有一段话说得很好：用宽容的心去感激伤害你的人，因为他磨炼了你的意志；用宽容的心去感激欺骗你的人，因为他增进了你的见识；用宽容的心去感激鞭打你的人，因为他清除了你的业障；用宽容的心去感激遗弃你的人，因为他强化了你的能力；用宽容的心去感激斥责你的人，因为他助长了你的智慧！

正视痛苦，别让它伤你一辈子

从痛苦中抢来幸福的张海迪

5 岁患脊髓病，胸以下全部瘫痪。1991 年，张海迪又接受医生诊断，得知鼻部患有黑色素癌。于是，她经历了生命中第 6 次大手术。

鲁豫：那手术过程很痛苦吧？

张海迪：非常痛苦，从剥离到缝合那段时间，因为这么一点点地方，缝了四十多针。但是作为一个女性，我觉得，我承受了男性都难以承受的那种痛苦。这种痛苦不仅仅是皮肉的，最重要的是精神的。但是我自己知道我能够忍受世界上最难以忍耐的痛苦。

鲁豫：你那个时候一滴眼泪都没掉过吗？

张海迪：没有，从小到现在从来没有因为病痛而掉过眼泪。有时候想过放弃但不愿意放弃，但从不因为痛苦掉眼泪。

鲁豫：42 年跟疾病一直这样相伴，不知道是一种什么感觉，一种什么状态?

张海迪:有的时候我自己想想,偶尔也有热泪盈眶的时候,自己为自己感动。我觉得真的是非常非常不容易,因为我要战胜很多别人根本就看不见的东西。那么就得克服很多别人根本想象不到的困惑和障碍。

痛苦,是客观存在的。我们无法用任何一种方式去逃避,我们能做的只有培养一种面对痛苦的优雅风度。我们无法摆脱痛苦,却可以绕过它在生命中设下的障碍,在痛苦中成长,长成那朵奇葩。

罗曼·罗兰在《〈米开朗琪罗传〉序言》一文中的一句话:我们应当敢于正视痛苦,尊重痛苦! 让欢乐得到赞美,让痛苦也得到赞美!

痛苦能把积极的人生送到成功的顶端,它也能把消极的人生送到抑郁的低谷。痛苦太可贵了,它就像磨炼真金的烈火,熊熊的烈火越是旺盛,炼出的金子越是闪闪发光。经历过痛苦洗礼的人生才是完美的,它让人更懂得知足,更看得清自己所处的位置。

正如张海迪所说:在人生的道路上,谁都会遇到困难和挫折,就看你能不能战胜它。战胜了,你就是英雄,就是生活的强者。天才都是在痛苦中产生的,古人也曾说"天将降大任于斯人也,必先苦其心志,劳其筋骨,饿其体肤"。

当痛苦划过心灵深处,当悲伤让我们痛不欲生,肝肠寸断,令我们柔弱的心灵流出鲜红的血时,我们要学会如何把眼泪擦干,包扎好流血的伤口,想想如何为自己解痛,为自己疗伤,这时,坦然面对就是医治疼痛的最好药方。世事难料,心灵的伤痕也许还会有再次开裂的时候,这时候坦然还是最好的良药,我们要学会时刻拥有坦然,拥有冷静的心态,时刻面对突变,学着自己把伤口缝上,让自己成熟,让自己睿智,让自己成长,从容面对我们未知的生活!

所以,别逃避痛苦,受伤后需要做的一件事是哭出来而不是去笑。不要逃避内心的真实感受,这是每个成长中的人都要体会的滋味。积极地面对生活,总会有一缕阳光照进你的心里,冲淡那些阴霾!

我们无法选择命运,但可以选择面对命运的态度。害怕失败的人是不会成功的,失败不可怕,失败了却不知道失败在哪里,才是可怕的!痛苦是欢乐的孪生兄弟,失败是成功之母,任何事物都具有两面性,在特定条件下,两个方面可以互转,也许这就是人生的大哲理吧!所以,要正视痛苦,正视失败,笑对人生。

感谢身边的每一个人

地震后,一个母亲被压在废墟里,她受了严重的伤,血不停地往外淌。但她仍然用力砸着水泥板,希望有人发现她和她怀里仍然安全的女儿。

女儿是个哑巴,不能讲话,她也拼命地敲着东西制造响声以引起救援队的注意。天空下起了雨,雨水淌在她们身上,母亲为了把孩子救出去拼尽了最后的力气。当救援队把小女孩救出来之后,她一直握着母亲的手不肯离去,休克的母亲终于醒了过来,她也马上就要被救出来了。这时候小女孩退到空旷的地方,用手语为大家唱了一首歌:"我来自偶然,像一颗尘土……感恩的心,感谢有你,伴我一生,让我有勇气做我自己"。在场的人听完她的感恩的心,都流下了眼泪。

小女孩无声的感恩感动了很多人,我们要感谢那些无私为我们付出的人们,因为有他们的存在,我们的生活才可以这么幸福而平安。

感激不是人的本能,并非每个人都会感恩,对别人的付出,也不是每个人都会道一声谢谢。就像城市的清洁工,他们把我们的城市打扫得干净卫生,而个别自认为有身份的人遇到他们却是捂着鼻子走过。相对于他们得到的那微薄的工资,他们的付出是多么巨大呀。

我们要学会感恩,对身边的每个人。许多运动员或者歌手在得奖之后都会道出一大串需要感谢的人的名字,这是他们的一种修养,因为他们知道,没有这些人的付出,他们就不可能会获得成就。那么作为普通人,又该对谁说感谢、对谁感恩呢?

每个人都应该感谢自己的父母,他们生育了我们,并抚育我们长大成人。他们无私地爱着我们,从不求我们用相同的爱回报他们。在他们眼中,我们是最珍贵、最不可侵犯的,他们会不惜一切代价让我们生活下去。如地震和海啸中,无数父母用自己的血肉之躯保护子女的生命。他们的行为都是可歌可泣,我们应该对自己的父母大声说"谢谢"。

每个人都应该感谢自己的师长,无论是否真正从师学艺。他们启蒙我们对世界的认识,教会我们明辨是非,把他们的人生经验传授给我们。老师对学生的爱是无私的,没有哪个老师对学生说过,你们将来有成就之后得来感谢我,他们不会这样做。他们送走一批孩子马上把心血又放到下一批孩子身上。他们把青春献给了教育事业,他们值得我们去感激和尊敬。

每个人都应该感谢自己的朋友,朋友是我们心里的一缕阳光,他们总是无私地陪伴着我们。在困境中,朋友的劝解开导最有效。陪在我们身边的朋友往往都是最真实、诚恳、发自内心的,我们应该感谢他们的陪伴。

感恩要成为一种习惯,一种义务。感谢爱我们的人,因为他们让我们的生命充满幸福和满足,让我们懂得了爱。感谢人生中遇到的贵人,他们的出现让我们的人生有了转折点。感谢恨自己的人,因为他们,我们知道了自己的不足。感谢背叛过我们的人,若不是他们,今天的我们不会更懂这个世界。感谢我们生命里的匆匆过客,即使他们伤害过我们,却让我们的生命更加丰富多彩,让我们可以避免受到更大的伤害。

让我们拥有一颗感恩之心吧。秋天里那低下头的果实,它不是在自我陶醉,而是在想"我是怎样变得成熟的呢?要是没有风,我恐怕早已腐烂枝头;要是没有雨,我恐怕早已干涸枯裂;要是没有光,我恐怕早已凋落失色。感谢风吹日晒雨淋雪打,给了我成熟的俊秀。"

感谢我们身边的每一个人、每一件事物。因为有了他们,才编织出我们美丽的生活。

第2章

社交心理学:人际交往的心理博弈

\\\

我们每天都在和人进行交往,而且和不同的人有不同的交往模式,这就像一场心理的博弈,怎样让人喜欢自己,怎样更好地在职场中驰骋呢?人际交往不仅有难度,而且有深度,许多规律需要我们去探索。

我们习惯于从外貌评判一个人,事实上人不可貌相;我们总觉得两个人越亲密越好,殊不知有一些距离会更好;我们都渴望成功,可是真正面临成功的时候又退缩了;我们总是擅长隐藏自己的缺点,其实,在社交中适当"自我暴露"更能带给人亲切感。

社交中有许多鲜为人知的秘诀,这里,我们将一一打开。

\\\

首因效应：打造出最佳第一印象

"首因效应"

一个毕业于新闻系的年轻人到报社去找工作。他到报社后面试已经快完了，估计人家已经招好人了，面试官对他很冷淡，他担忧自己没希望了，但还是积极地问："你们需要一个编辑吗？"面试官答："不需要。"他不甘心，又问："你们需要一个记者吗？"对方的答案还是一样的。他还是不想放弃："那排字工人、校对呢？"对方已经起身快要离开了。这时候他肯定地说了一句："你们肯定需要这个。"说着他从包里拿出一个精致的小牌子，上面写着"额满，暂不雇佣"。

面试官看了看牌子，微笑着说："如果你愿意的话可以到我们广告部工作"。这名年轻人用自己的机智乐观给面试官留下了"第一印象"。这种"第一印象"在求职或者生活中带来的微妙作用，在心理学上称为首因效应。

心理学家认为，第一印象就像一张快照，是一个整体印象。甜美的微笑，名贵的手表，挖鼻屎的小动作等，这张快照常常能包涵一些重要的真实信息。

和朋友聊天时，聊到我们共同认识的一个公司老板，朋友说，"我很讨厌他那种人，一个小公司就那么几个人，还摆副臭架子，真认为自己是大老板了，把下属训斥得狗血喷头，谁能跟这样的上司处好关系呢？"我感到奇怪，这个老板也是我的朋友，他为人温和，有风度，和公司员工、家人的关系都处得不错。

我问朋友为什么有这样的看法，他说他前段时间去这个朋友那里，路过他的办公室时，看到他正气势汹汹地对一个下属发脾气，那模样看起来很吓人。我劝解他说,"每个人都有发脾气的时候,你只见了他一面就认定他不好,似乎不大合理吧。"朋友说,他讨厌对员工发脾气的老板,反正他的看法是改变不了了。

人们在第一时间里对一个人的印象往往会深深刻在脑海中,就像我朋友对这个老板的看法一样。虽然只有仅仅的一次,也已经很难改变。很多人希望能在往后的接触中改善自己的形象,期待自己的优点慢慢展示出来,事实上却很难,因为人家第一眼就已经把他否定了。

所以,打造良好的第一印象至关重要。尤其是下面几个问题值得注意。

约束自恋:心理学家瓦勒里·怀特认为,自恋会严重破坏你的第一印象。很多人有炫耀自己的冲动,但要想想听的人会有什么感受?所以第一次见面的时候,应该听听别人怎么谈论他们自己,然后给予真诚的回应,而不是一味地表现自己。

放下焦虑:在和新朋友交流时,如果很紧张,说话就会太快,这时候应该把话题留给对方,以减轻自己的压力。这样也可以给对方留下很好的印象。

心情明媚:初次交往中应"做真实的自己",因为真诚才能打开对方的心扉,但是收敛一下坏情绪也是有必要的。你可能只是一时不快,对方却会觉得你在生活中是个满怀抱怨的人。不良情绪会传染人,所以要尽量在欢快的气氛中开始与人交往,相互熟悉后才能让对方分享困扰你的问题。

眼神接触:眼睛,是我们心灵的窗口。我们可以透过眼睛看到人们内心的真实想法。演说家尼古拉斯·布福蔓说:初遇对方时,注意你的眼神接触、微笑和身体姿势。想了解一个陌生人,只要盯住他的眼睛,停留一秒以上,便可以破解他身体的动向。

赞美对方:人总是喜欢被认可和夸奖的。只要你善于发现对方的优点,并能真诚地加以赞美,就很容易赢得对方的好感。

人们总是坚信第一印象,而宁肯忽视后来的印象,这就是心理学所说的

"首因效应"。初次见面的基调决定了别人对你的印象。以后再想改变别人对你的认识,将会很难。不要总是想着"路遥知马力,日久见人心",或者把第一印象当回事,否则你会错失很多机会。

避免"粘腻",距离产生美感

距离是调味剂

小薇与小艳是一对好邻居。小薇刚与男友结婚,两人新婚燕尔,如胶似漆。小艳已经结婚三年了,丈夫是一位常年在外的军人,自己经常独守空房。她时常对小薇说:"我真羡慕你,多么幸福! 而我的婚姻只剩下一纸婚书,毫无意义。"为了能够与丈夫每时每刻地在一起,小薇离开自己的单位,来到丈夫的公司工作。过了一段时间后,他们以前那种彼此牵肠挂肚的感觉已经不复存在了,取而代之的是朝夕相处后的索然无味。几年过后,丈夫开始有意地躲避小薇,经常以各种借口夜不归宿。这段幸福的婚姻难以为继,已经到了破裂的边缘。而小艳和她丈夫的感情却还和几年前一样。

人与人交往的过程中,有一定的距离会产生美。距离太近,会觉得压抑和厌烦;距离太远,相互之间又没有了吸引力。

两只困倦的刺猬,由于寒冷而拥在一起,可因为各自身上都长着刺,刺得对方怎么也睡不舒服。于是,它们离开了一段距离。但由于又冷得受不了,于是又凑到一起。几经折腾,两只刺猬终于找到了一个合适的距离,既能互相获得对方的体温又不至于被扎。这则故事经过后人的加工便演化出了"刺猬法则"。

心理学上的"刺猬法则"也称为"距离效应",是指人际交往中需要保持适当的距离,才能既保留彼此之间的美好印象,又能避免因为走得太近而给双方带来的伤害。距离太远会让彼此产生疏远感，不易成为肝胆相照的知己；距离太近容易看到对方的缺点，破坏曾经的美好形象甚至伤害彼此。这就需要我们了解在人的四周环绕着的一些距离，如私人空间、心理空间。

私人空间是指环绕在人体四周的一个抽象范围，用眼睛无法识别它的界限。但是它却是存在而且不容侵犯的。无论在车厢或是电梯内，你都会在意他人与自己的距离。有心理学家做过实验：在图书馆中，心理学家走近一位正在津津有味地读书的读者旁边，不声不响坐在他旁边试探对方的反应。这个实验重复80次，结果，没有一个被试者能够忍受一个陌生人紧挨自己坐下。大多被试者都默默走开到别处坐下，有的干脆明确地问："你想干什么？"

每个人都生活在一个孤立的小岛上，私人空间不容任何人"入侵"。包括伴侣、父母、朋友，就像我们的日记，是不希望被任何人看到的，这就是在保卫我们的私人空间。如果在乘车或者一个很难改变的狭小空间里，人们大多会以对他人漠不关心的态度来忍受私人空间被侵犯而引起的不快。人们回到家之后，就会感到安全和放松，这是因为私人空间得到了保护。

私人空间的原理告诉我们，当两人彼此过分接近时，会产生令人不快或者焦虑感。从而使人不能冷静、客观地做出判断，甚至会对侵犯者采取攻击态度。

心理空间则是孤独感的源泉。爱因斯坦曾经这样说过："我实在是一个孤独的旅客，我未曾全心全意地属于我的国家、我的家庭、我的朋友，甚至我最亲近的人。在所有关系面前，我总是感到一种距离，并且需要保持孤独——而这种感受与日俱增。"埃里克·斯隆说得更深刻："孤独是生活中的一个危机，也是自我深思、自我完善的一个良机。"

尤其在爱情方面，距离会产生美。"在身边时讨厌，分开了又想念。"小别胜新婚就是这个道理，距离能给我们很多遐想的空间。但是又不能把距离拉得太远,否则彼此之间会失去引力。

美国心理学家爱德华·霍尔博士根据人与人之间的亲密程度,将社交区域分为4个方面:

亲密距离。这是人际交往中的最小间隔,范围在15厘米之内,可以感受到对方的体温、气味和气息。主要适用于夫妻和恋人。

个人距离。这在人际交往中稍有分寸感,少有身体接触。范围在46~76厘米之间,能保证相互亲切地握手和友好交谈。这是用于朋友和熟人间的距离。

社交距离。这个距离适用于社交性或礼节上的正式交往。一般适用工作环境和社交聚会,范围在1~2米。保持这样的距离,能够增添一种庄重的气氛。

公众距离。近范围在3~7米,远范围在10米之外,这个范围完全可以对处于空间的其他人视而不见。

无论是"身体距离",还是"心理距离"都说明:人作为高智商生物,彼此之间的关系是很微妙的,距离是必不可少的。

尊重对方,人不可貌相

不起眼的老夫妇创造了斯坦福

在美国,大家都知道东部有个哈佛大学,西部则有个与之齐名的斯坦福大学。它们之间颇有渊源。

一天,一对貌不惊人的老夫妇来到哈佛校长的办公室里,这对夫妇告诉校长,他们的儿子曾经就读于哈佛大学,后来溺水身亡了,他很喜欢哈佛。老夫妇希望能在校园里为他建一个纪念物。

校长不但没感动，反而觉得这种做法很可笑。他对老夫妇说，"我们不能为每一位曾就读过哈佛大学后来死亡的人建立雕像的，这样子的话我们学校不就像墓园了。"老夫妇解释说，"我们要捐一栋大楼给哈佛并以我们孩子的姓名命名。"校长打量了他们一下，对他们说，"建一栋大楼要750万美元，你们有吗？"

这位女士转向她的丈夫说，"既然750万美元可以建一栋大楼，我们何不建一座大学来纪念我们的儿子呢？"丈夫同意后，斯坦福夫妇回到加利福尼亚出资修建了斯坦福大学。另一所世界顶尖级大学由此矗立起来。

俗话说"人不可貌相，海水不可斗量"，哈佛大学校长怎么能想到这样一对普普通通的夫妇后来却创办了斯坦福大学呢？

这也是一个很有味道的故事：一对夫妇旅行中经过一个小镇。已经夜深了，他们想休息却到处都找不到旅店。因为这个镇上正在举办一个农业展览会，入住的外来人口非常多。他们抱着最后一丝希望来到一家小客店，结果这一家也已经客满了，他们只能失望地摇摇头准备离开。这时候那个年轻的经理却怜惜地对两位老人说，"你们可以住我的房间。"夫妇俩非常高兴地问道，"那你自己住哪儿呢？"经理笑着说，"我年轻，一晚上打个地铺就可以了。"

不久之后，这个小客店的经理收到一封信，信里面说：你应该管理一家大酒店。原来他好心帮助的夫妇就是希尔顿酒店的创始人。他也因此做上了希尔顿酒店的管理人。

这就是一个没有以貌取人的成功例子。我国古时候不也经常有皇帝微服寻访的故事吗？多少人因为不知道自己面前的这个人就是皇帝而闹出过很多笑话呀。再如那云游四海的活佛济公，许多人因为看到他穿着褴褛，便对他不恭，十足地以貌取人。

有些女孩在选择对象的时候，首先就看对方的穿着或者外貌，甚至担心找个丑的会影响下一代的长相,其实这些担心都是多余的。相貌优势并不会直接遗传给下一代。而且生活中需要的不仅仅是长相,还要有实际生活能力和真正的爱情。

有些单位在用人的时候也会挑衣着华丽、长相出众的。其实会打扮自己的人未必有实干的能力,外貌出众的人不一定能胜任这份工作,而真正有能力者不一定那么注重外表,所以我们不能以貌取人,要用善良公正的心对待别人。

战胜交往中的"约拿情结"

何为"约拿情结"

约拿是圣经旧约中的人物,他是一个虔诚的犹太先知,并渴望能得到神的差遣。神终于给了他一个任务,去宣布赦免一座本来要被罪行毁灭的城市。约拿却逃跑了,因为他去宣旨的尼尼微城是毁灭他家族的死敌。他要面对一次非常了不起的成长,才能坦然完成这次任务。

约拿抗拒这个任务,神到处找他,用各种办法唤醒他,甚至让一条大鱼吞了他以示惩戒,最后约拿战胜了自己,他经过反复的犹疑最后终于完成他的使命——宣布尼尼微城的人获得赦免。

"约拿情结"被心理学家认为是对成长的抗拒,对成功的恐惧,人们不止害怕失败,在可能获得的成功面前,也持有一份犹疑态度。人们要战胜"约拿情结",要有广博宽容的心和深沉的爱,勇敢面对内心的恐惧,最后像约拿一样,成功完成上帝给予的使命。

在我们内心深处,有很多冲突可能我们意识不到,只有在做出了某些事或者看到别人的例子后才能发现。人类虽然追求完美,可是人们又非常害怕完美。完美的境界意味着超脱，超脱尘世便会产生无尽的孤独。而且芸芸众生也做不到超脱，因为有偏见、有内心的矛盾存在，它们会阻止一个人成功。那些来自内心的矛盾便是我们要战胜的"约拿情结"

约拿无法完成任务，有人说，他无法放下恨。因为尼尼微城是他家族的死敌。也有人说他在回避将要到来的成功，理想马上变成现实，他却感到畏惧。生活中的我们，不也经常遇到这样的情况吗？要我们去赦免我们的敌人的罪，这是个非常艰难的抉择，要我们放下仇恨似乎并不容易，我们只有正视自己的情感，有一颗高尚的心，方能做到。

"约拿情结"表现在逃避成长，执迷不悟，拒绝担当。许多成功放到我们面前的时候，我们却不知道怎么迎接它了，白白错失良机。有句话说得好，"机会都是给有准备的人。"我们要准备好自己时刻可能的成功，以不至于它到来的时候我们却开始逃避，甚至不敢去面对。

许多人的心里也非常渴望成为一个圣人，希望能写出一部伟大的小说，希望成为时代的领导者。可是当有人问他愿意成为圣人吗，愿意写出一部伟大的小说吗，愿意引领时代吗？他们都会表现出红脸、羞涩，不愿意承认，这就是对成功的一种逃避，总觉得自己不行，不能成功。大多数人都被约拿情结阻碍，没有真正实现自我，没有发挥自己的潜能和实现内心的愿望。

"约拿情结"还表现在嫉妒上，如果别人得到了祝福，他心里会觉得难受；如果别人一直倒霉，他又会感到幸灾乐祸。人们不仅逃避自己的高峰，也畏惧自己的低谷，导致我们不敢去做自己能做得很好的事。约拿情结本身就是非常复杂的心理问题、文化问题和社会问题。毋庸置疑，我们应该正确认识自己，清楚自己的心理环境。应该把自己对别人成功的羡慕转换成获取成功的动力。

我们要明白成长是个循序渐进的过程，这个过程中肯定会遇到成功、失败，它们都是非常常见的事，我们要付出自己的劳动，努力让失败变成成功。

只要我们发挥了应有的潜能,即使失败了,也虽败犹荣。

我们要清楚地认识自己,不要活在成功的幻想中,也不能自卑地认为自己不行,自己胜任不了。我们没有毛遂自荐的勇气,也要有展示才华的准备。调整好自己的心态,真诚地祝福应该受到祝福的人,做真实的自己,不要害怕自己的缺点,也不要用新事物带来的困难恐吓自己。尼采有句话说得好:"生命的意思在于敢承受生命的意义而不低落消沉,这就是生命的骄傲!"

换位思考:将心比心出奇效

换位思考

将心比心的换位思考,更能赢得别人的好感,同时被人尊重。别人也会更愿意与你交流和沟通。

一个有趣的小故事可以告诉你将心比心的重要性。妻子正在厨房炒菜,这时候丈夫进来对她指指点点。"火太大了要小心,油少放一点,快翻菜,不然焦了"。妻子最后终于忍不住说"我知道怎样炒菜。"丈夫说,"我只是想让你知道,当我开车的时候你在旁边絮絮叨叨我的感受如何。"

这就是聪明的丈夫,他用换位思考化解了对老婆的不满。

直接抱怨别人的不解,得到的也不可能会是理解。只有让别人站在自己的立场上思考,他方能明了。同时,我们也需站在别人的位置上看待事情,换一种角度,换一种思维,很多摩擦与误会便能在瞬间冰释。

我们在生活中非常需要换位思考,这样不但能帮助我们建立良好的人际关系,也能帮助我们离成功更近一点。学会换位思考,是一种能力。它需要我们敏锐地思考问题的核心,才能巧妙地转换自己的身份,站在对方的立场上考虑问题。很多人遇到压力就开始烦躁甚至焦虑，可曾想到对施压者说一句，如果是你，你会怎么做？这样对方也会反思自己的要求会不会过分了一点，最终做出让步。

一位设计师精心给客户设计了一套装修方案，同事看过之后都觉得其匠心独运，相当成功，大家都觉得很有创意。可是客户看了装修方案之后却不是十分满意，他表示要考虑看看是否用这个方案。设计师傻眼了，这可遇上了一个刁钻的客户。后来设计师打电话给客户说，"我实在想不出好点子了，如果你是我的话，你会怎么做呢?"第二天客户便回复他，就用这套方案吧，因为他也想不出比这更好的创意。

钢锯、铁锤都没办法打开一把锁，轻巧的钥匙旋转一下，锁就应声而开，钢锯和铁锤纳闷地问钥匙有什么秘诀，钥匙只是轻柔地回答，"因为我最懂得它的心。"是的，只有你懂得它的心，所以你才能打开它的心扉。人际交往也贵在交心，只有心与心的交流才能产生共鸣。如果他希望安静，你就给他空间；如果他害怕孤独，你就给他慰藉；如果他缺乏安全感，你就给他爱与呵护。

为别人设身处地地着想，别人才会更有融入感。一个名人说过，不会宽容别人的人，是不配受到别人的宽容的。现代社会中，大家都习惯猜测别人的感受，自我判断事情的对错，因此常常得出主观的错误结论。真正的换位思考需要从内心深处站到对方的立场上，像感受喜怒哀乐一样感受对方的情感，理解和宽容才是换位思考的实质。

有这样一则故事。主人把猪捉走了，猪一路上"嗷嗷"大叫，住在同一个畜栏里的绵羊和牛都嘲笑它道："我们经常被主人捉住，谁也不像你这样吓得大叫呀。"猪回答道："主人捉你们是为了剪羊毛和挤牛奶，而捉我却是要一刀要了我的命呀。"

我们在讽刺别人时，根本不知道对方心里有多难受；我们在嘲笑别人时,也想不到会在对方的心里留下怎样的伤害。而我们将心比心地把自己换在对方的位置上,就会发现自己有多可恶。如果能将心比心,就不会做出一些伤害朋友的事,这样才能获得更多人的友谊。

我们不是鱼,我们怎么能理解鱼在水里嬉戏的快乐。我们不是飞鸟,怎么能理解鸟在空间翱翔的欢愉。我们不是蜗牛,怎么能理解它缓慢爬行的怡然。但是我们却有一颗相互理解的心。将心比心,把自己放到对方的立场去思考问题。我们就同样能理解鱼儿的快乐,鸟儿的欢愉,蜗牛的怡然了。

适当"自我暴露",加深亲密度

适当"自我暴露"能获得更多利益

美国亨利食品加工公司曾经遭遇过一场非常大的危机。因为他们的总经理亨利先生把某些食品含有防腐剂这一消息发布到了媒体上,并宣称自家的产品坚决不添加防腐剂。这一举动引起了同行业的激烈反对和抵抗,一些经销商甚至故意把亨利食品公司的货物下架,以至于亨利公司的产品在市场上节节败退,公司濒临倒闭。但是政府和民众知道内情后,纷纷站在亨利公司这一边,在政府和民众的声援下,亨利公司的产品很快就重新上架成了热门货。如今亨利公司已经发展成为美国食品加工业的佼佼者。

亨利公司的事例告诉我们,首先要清楚地认识自己和认识市场。防腐剂对大众有危害,大家肯定都不愿意买危害健康的食品,所以顾客就会站在自己这边。可见,适当的自我暴露,相互之间会有更深刻的了解,更能被人们尊重和青睐。

小李在一家公司市场部工作,他发现和对方谈判的时候,偶尔说些题外话,谈谈自己的学识和爱好等,更容易谈成一笔业务。相反如果只是商业合作的见面握手聊天,对方可能会有一些保留,并不是那么容易签下单子来。商业谈判对做销售的员工来说是必不可少的,其实要想提高沟通效率,只要做好两样事就够了,一件是"找对人",一件是"说对话"。

商业上的谈判是没有硝烟的战场,过程复杂而且结果难料。这就要求谈判的人学会说对话,去打开大客户的心灵之门。在商场上知己知彼,适当暴露自己而吸引对方,让他们知道,自己是像朋友一样和他们谈,而非战场上最后的谈判。这就是美国社会学家提出的一条提高人际效率的理论—约哈里窗口理论。

约哈里窗口理论是由美国著名社会心理学家对如何提高人际交往的成功效率提出的一个理论。它将人的内心世界分为4个区域:公开区、隐藏区、盲目区、封闭区。该四个区域中,最安全的是公开区,因为它属于自己知道、别人也知道的部分。这个部分的东西大家都可以交流。隐藏区属于自己知道、别人却不知道的部分。这是隐私区域,如果擅自进入别人的隐私区域就会引起冲突。盲目区属于危险部分,因为这部分是自己也不了解的自我,别人也不知道。而封闭区则属于别人了解的部分,自己不知道。比如我们伤害了某个朋友,朋友会因为怕引起冲突而不告诉我们,日积月累也容易造成危害。

约哈里窗口的理想模型是自己足够了解自己,尽量把自己暴露出来,把隐藏区和封闭区尽量缩小,这样便可以形成相当大的安全区域。实际上,人是不可能完全认识自我的,有些自己从未认识到的部分会由对方指出来,这些便是冲突的最大来源,应该逐渐向着安全区域转移。约哈里窗口理论不止用于人际交往中,还可用于政治和经济学方面。

很多时候,我们应该适当暴露自己,把自己的安全区域扩大,让自己更有亲和力。人们都习惯展示自己的长处,如果我们将自己的劣势和不足也适当展示出来,反而更能赢得别人的喜欢和尊重。

人际交往中,人们经常说,小明又说了句触犯朋友的话,和对方闹翻了。这就说明对方不擅长暴露自己,把自己隐藏在别人不知道的区域,以至于让别人踩到了雷区。所以,我们在与他的交往中便会觉得,这样的人与我们不太合群,我们不大能和他成为朋友,因为他总是有一种隔阂和戒备。

心理学家奥特曼认为:"良好的人际关系是在自我暴露逐渐增加的过程中发展起来的。随着信任程度的提高,双方会越来越多地暴露自己。"自我暴露的强度已经成为测量人际关系的"尺度"。对方对自己的私生活讳莫如深,表明他并没有把你当朋友,对你存在着戒心。相反,对方愿意对你暴露很多东西,比如哭泣、失落、怨气、私房话,表明你们关系非常融洽,交情不浅。

我们可能完全了解自己的身高、体重,因为它们可以用仪器测量出来。其他诸如性格、能力、品质等内在的部分就不是那么了解了,因为这个部分了解起来要困难得多。所以我们需要一面镜子,从朋友或者对手的眼中了解自己。我们展示给镜子什么,镜子才能回馈给我们相应的东西。当然,他人的评价并非很准确,如若我们和很多人交往,善于倾听他人的评价,便能概括出一些稳定的评价基础。

平衡情感,玩转人际间的跷跷板

学会互惠互利

小桓是一名会计师,一个雄心满怀的年轻精英,他告诉自己,任何事都得精打细算,尽一切可能成功。他不浪费各种资源,不放弃任何机会,随时保持自己的优势,任何人都不能越过他的雷池半步。后来,他终于成功了。

可是成功以后,他却发现自己越来越孤独,虽然事业有成,却找不到女性相伴,虽然年轻有为,却没有朋友。这让他觉得生活非常郁闷。他来到禅师那里请教,禅师说,"你回去每天帮助一个人,一年之后再来找我。"

小桓回去之后,无论在公司还是路边,遇到需要帮忙的人他都尽力而为。没过多久,他发现有人会登门拜访送给他东西,还给他介绍女友,朋友也渐渐多了起来。这时候他才醒悟,原来不能总是想着利用别人,与人交往,只有互相帮助,互惠互利,生活才能多姿多彩。

一个总是要得到好处而不愿意付出的人,得不到朋友。就像坐跷跷板一样,总要别人使力自己坐享其成,那样能得到快乐吗?相信答案一定是否定的,这样违背了游戏的规则。生活中也一样,一个永远不愿让步、不愿吃亏的人,即使得到片刻的欢乐也不可能真正的幸福。

人类具有天生追求公平、公正的本能,谁都不愿意被他人利用。如果我们时刻算计着别人,总是想着要从别人那儿多捞一点,谁又愿意和我们交朋友呢?

相信大家看过《家的 n 次方》之后,对其中的赵雯这个人物深有感受。她把身边能利用的人全都利用了,从不给自己留一点余地。对待爱情、友情,都本着利用的原则。

她利用楚牧的感情,接近有钱人薛洋,即使被薛洋的朋友百般讽刺,她不以为耻,反以为荣。她利用楚牧和薛洋复杂的家庭关系,把这些在杂志上大写特写,没有一点新闻从业人员的良知。她利用自己的恋人,制造事端和舆论,终至众叛亲离,哭都没有人借肩膀给她,在她一步一步的悔改之后,最后终于挽回了自己的爱情。

互惠互利在这里并不是贪赃之后的平均分配,而是教人们怎样获得真正的快乐和友情。

生活中也不缺乏这样的例子。邻居借走了家里的梯子,又来借钳子,钳子还没还,又来借菜刀,反正他需要的东西统统能借走。不去要,他绝对不会主动来还。你生气,会觉得伤了和气,你不生气,自己家的东西就成了他家的了,最后你只好远远避开他。

不仅邻居如此,我们的朋友、亲人也一样。朋友之间会因为志趣相投而走到一起,慢慢熟识以后就会相互照顾了。这时候一定要运用跷跷板原则,也给对方以相同的愉快情绪,用同样的好来回报对方,有好处的时候想着对方,朋友之间的情谊才会越来越深。虽然俗话说"君子之交淡如水",但是在这个快节奏的社会,交往淡了感情也会随着变淡,最后反而生疏了。

我们和社会也可以坐跷跷板,社会是大家共同生活的大家庭。我们对它付出,即使不求回报,但是善良总会有善报的。小蕾在公交车上掉了重要的文件,她冲司机大叫停下来也没用了,车已经开远了。这时候旁边的老太太说:"年轻人,不急,丢了什么,我帮你去找找。"原来她在车上让位的老人就是公交公司的,而且她的女儿就在公交公司任职。通过她的联系,小蕾的重要文件也给找了回来。

很多在名利场长大的孩子已经不会做一些助人为乐、舍己为人、无私奉献的事了。因为这样的事情听起来就是要自己付出给别人好处。如果反过来用一下,自己是那个需要帮助的人呢?大家肯定就不会再那么只想着从别人那儿捞取到什么,而不肯自己付出了。

那些以为利己必损人、利人必损己的人,总是为了一己私利便置他人于不顾,最后往往落得很惨的下场。所以,我们要学会帮助他人,与他人共享各种资源,这样我们会发现,我们分享得越多,快乐也越多。

升华心境,热心助人让你心情大好

助人为乐心情好

英子下班后正走在回家的路上,这条路她已经走了千百遍了,平平淡淡毫无新意。这时候她看到一个小女孩在推卷闸门，使劲推也推不上去，她连忙跑过去帮了一把，一下就把门打开了。小女孩笑着对英子说谢谢，那笑容就像明媚的阳光一样，英子心情大好，疲惫感消去了好多。她又帮沿路的老太太搬了一箱沉重的货物，扶起了邻居家的孩子，因为他骑自行车摔了一跤。英子发现，帮助别人之后心情会变得很好。

我们在不断地帮助别人之后，会获得一种成就感，仿佛生活在一个温暖的大家庭里。像英子这样，每天来来回回走的路，本来已经没有新意，可是当她心情好时，又能发现它的不同。使心情变好的方法有多种，但是助人为乐最容易实践，也最容易成功。

生活中，我们不难发现，当一个人处于快乐的心境时，更愿意关心他人和帮助他人。我们时常说助人为乐，可是怎样助人别人才会乐呢？生活中我们常见锦上添花，而真正的雪中送炭却是很少的，我们要在别人真正需要的时候给予他们帮助，哪怕是助小女孩一把力，哪怕是给老奶奶搬了一箱货物，这些都能得到别人真正的感谢，我们也能从中得到欢乐。

当一个人心情差的时候，他连自己都不愿意理会，更别说帮助别人了。要让自己拥有好心情的方法很多，如小周心情不好的时候就听一些古典的音乐，在旋律中放松自己。而乐乐心情不好的时候是到街上去走走，当她看到很多人境遇不好的时候，她就觉得自己的这点小事根本不算什么。何况我们自己快乐了，才能让别人也快乐。

在一个办公室里，领导者尤其要有良好的心情。在工作中，我们会发现，领导的心情不好时，整个办公室里的人都提心吊胆的。可见，作为一个管理者，首先要调节好自己的心情，快乐地去帮助下属解决他们的问题。对待下属的问题，不想解决可以延后，但不能给出一副怕麻烦的表情，要让下属知道自己是乐意去帮助他们解决困难的，久而久之，就能营造一个良好的办公环境。

在家庭中,拥有良好的心情,家人才会相处得更加和睦。很多在工作中不顺心的父亲会把焦躁的情绪带回家,当孩子问他问题的时候,他也是一副不耐烦的表情。虽然是一个小举动,可能已经伤害了孩子的自尊,他们会觉得自己问问题是不对的,慢慢地,他们也就不愿意与家长交流了。尤其是处于青春期的孩子,他们对知识的渴望很强烈,倘若父母没有给予正面的帮助,会给他们带来长久的负面影响。

心情好的时候,不仅可以体验到很多积极的情绪,更愿意去关心他人,这时候最容易和别人建立友谊。如小凡因为获奖心情大好,她上街的时候遇到了单位同事,小凡请同事吃了饭,还就获奖方面的专业知识也和同事交流了很多,同事以前对这方面了解较少,在小凡的讲解下她懂了好多。在工作中她对小凡的态度也不一样了,两个人慢慢就成了很贴心的朋友。

在心情好的时候去帮助别人,乐观的态度和真诚的笑容很快就会感染别人,大家都能在这一过程中体验到快乐。如果帮助别人时心情低落,会让人以为你心不甘、情不愿,这样不但不能建立起良好的关系,反而会让彼此的关系恶化。

助人为乐是我国的传统美德,如果能带着好心情,给予需要的人帮助,对方会更容易接受。帮助别人并非轰动的大事,举手之劳一样能雪中送炭,在快乐的情绪中帮助别人,不但能让对方受益,自己的心境也可得到升华。

第3章

办公室心理学：和谐相处的心理秘密

在办公室里与人交往也有秘诀，不但领导要善于了解自己的员工，员工更要熟知领导的喜好。互相有一定的认知，工作才更方便展开。

在办公室里，我们必须学习一些办公室心理学，比如不同的人有不同的人格，那么就要用不同的态度对待。在职场中，要会服从，也要会拒绝，不仅要敢为人先，做别人不敢做的事，还要懂得甘为人后，养精蓄锐。处理好与大家的关系，才能更好地发挥自己的才华。

发挥才华，需要融洽的关系做后盾

筑波病—知识分子的职业病

在日本的科学城筑波，自然环境宛如一片远离尘世的"世外桃源"，汇聚了许多著名的研究机构和教育机构。然而身在其中的科学家大都感到寂寞，心情沮丧，精神压力大。有很多科学家甚至在那里自绝人世了。人们感到不解，这样优越的自然环境，无可挑剔的住所，尖端的工作场地，为何还自杀呢？

经过调查发现，这里的建筑间隙过大，每座楼房都很独立，人们见面交流的机会非常少，而且住在此地的科学家人人杰出，大家为了每一年的科学报告会，相互竞争，不屑与他人合作。尤其竞争中落后于他人而自杀者，遗书里大多声称心情抑郁、焦虑、寂寞，工作难以开展。

美国卡内基大学曾对1万多名求职者做过实验，发现经验、技术、才能只占成功很少的一部分，而真正的原因是良好的人际关系，很多雇员皆因人际关系处理不好而无法施展其才华。

我们在为筑波那些科学家惋惜之余，也不得不深思，他们智力过人、知识渊溥，为何会做这样的选择呢？人作为一种社会性动物，生来就具有需要社会交往的属性，很多事情都不是一个人能单独完成的。人的成长和发展需要与他人的交往，人际关系常会影响一个人的发展方向。

现在人类接受的教育普遍较高，具有很高的知识水平，有的人能充分发挥自己的技能做好一项工作，却不能处理好人际关系。所以一定要摒弃几种心理，才能建立起更健康的人际关系。

首先是猜忌心理。凡事喜欢捕风捉影，猜忌成癖的人很难交到朋友。

用不信任的眼光看待外界事物,看到什么就主观妄自评判,往往容易挑起事端,其结果只能是害人害己。

自卑心理也会危害我们的人际关系。很多人都有自卑感,他们往往觉得自己各方面都不如人,不敢表达自己的主见。有这种心理的人很难发挥自己的优势和特长。有自卑感的人在社交中习惯随声附和,如果不加以调整,久而久之便会失去个人的胆识和独特的个性。

排他心理也是现代人际关系中的一颗"毒瘤"。人类会对已有的知识和见解固执己见,很少能听从他人的建议和安排。如果我们固守在自己的狭小圈子里不接受新东西,很容易与时代脱节。所以,勇敢地接纳别人更能建立良好的合作关系。

自私心理也非常值得我们重视,把与他人的交往看做是一种利用,只想着从别人那儿获取自己想要的利益,而不真诚待人,这样很容易让别人反感。常常想把别人当做过河的石头,利用完就不理不睬的人,最后都没有真正占到便宜,反而使自己的人格受到损害,只能受到别人的鄙视。

冷漠心理似乎是现代社会的通病,人们对身边人或者事情常常漠不关心。其实,拉开人们内心的那道防线,即使来自不同的地域,有不同的信仰和文化背景,人们同样能有效交流。在社会生活中,我们要放弃偏执和孤傲,如果筑波的科学家们走出一栋栋隔离的高楼,像退休的老头一样交换意见,倾心交谈,那么他们便不会觉得寂寞及焦虑了。

当然,我们要面对形形色色的人,他们有不同的性格和文化层次,还要根据不同的人使用不同的方法,才能在工作或就会交往中游刃有余。

例如,面对一个不善言谈的人,我们不能回应他相应的沉默,不然场面就会显得非常尴尬。这时候可以适当健谈一点,并找到相互感兴趣的话题,以寻求双方的共同点,这样下次见面就有了共同话题。

面对一个固执己见的人,我们就应该适当收敛一点了,如果非要和对方争得面红耳赤,甚至拍案而起,双方都不会给对方留下好印象。如果有交往的必要,对比较偏执而且以自我为中心的人,我们就让他去做恒星,我们做周围的行星。没办法改变别人的时候就只有改变自己的态度了。

我们可能还会遇到死板的人,傲慢无礼的人,揣着明白装糊涂的人,自私自利的人,刻薄刁钻的人。不同的人我们不能用一种方法应对。我们要本着一颗善良的心,真诚待人。在工作中,尤其要处理好同事间的关系,只有把人际关系处理好了,才会有好的心情去工作。所以,我们要学会交流,懂得交流,更要进行有效交流。

九型人格,巧对待不同的人格

三毛和朗朗

三毛,台湾女作家,远嫁西班牙,后来定居在非洲撒哈拉。她20岁步入文坛,她的文字深刻表达了一个女性在生活和爱情中的情怀。她的《哭泣的骆驼》、《梦里花落知多少》、《雨季不再来》等受到不同国籍、不同年龄的人的好评。

她曾三次自杀,第一次发生在她13岁的时候,因为她数学成绩太差,遭到同班同学的嘲笑,老师的体罚,她第一次自杀未遂,在家幽闭了很久才敢上街。第二次是在她的未婚夫猝然病逝之后,她无法承受打击,所幸被抢救过来。第三次是在她的丈夫荷西溺水身亡之后,她膝下无子嗣,孤单一人在40岁那年结束了自己短暂的生命。

朗朗也是一位耳熟能详的人物。他是我国当代著名钢琴家,出生于中国沈阳。3岁由父亲启蒙开始学习钢琴,5岁和7岁连续两次在沈阳钢琴比赛中获第一名。9岁获全国星海钢琴奖第一名。13岁获国际柴可夫斯基国际音乐奖第一名,同年他在国家新交响乐乐团开幕式上担任钢琴独奏。14岁考入美国著名的柯蒂斯音乐学院。同年签入国际知名 IMG 演出经纪公司,开始了职业演奏的道路。

在常人看来,三毛和朗朗无疑都是天才,他们的早慧和成就令人惊叹。可是他们的内心却由不同的养分孕育着他们天分的种子,并且积聚着不同的力量,这些力量在三毛身上尤其剧烈。从三毛的作品中可以看出,她是充满智慧而且具有艺术天分的女性,但是却非常缺乏安全感,而且敏锐孤独,她想要的生活一直未能如愿。朗朗是我国钢琴界的天才,可算是小莫扎特了,他与三毛不同的是,他有培养他往上发展的根基,所以他的事业平步青云。他们拥有不同的人格。

一个人的身上,一般不只拥有一种人格,不同时期不同人格模式可能会交替出现。但是肯定有一种是占主导地位的,它是我们性格的基调,它在我们生活中起着至关重要的作用。而九型人格即是研究人的性格和人格的,既有大家都熟知的,也有隐藏在内心自己都还没有发现的。

九型人格起源非常古老,它蕴含着如同中国太极、八卦一样的玄机,几千年来九型人格能够秘密流传就在于它的灵性,每个测试的人得到的答案都不一样。九型人格分别为:完美型的完美主义者、全爱型的给予者、成功型的实干者、艺术型的浪漫者、智慧型的观察者、忠诚型的怀疑论者、快乐型的享乐主义者、领袖型的保护者、和平型的调停者。不同的人格必须不同对待,这在我们的家庭、工作和人际交往中有非常实用的价值。

完美型的完美主义者当然是绝对追求完美的。他们不能接受差不多、还可以、一般等没有结果性的词汇,他们愤怒却不遗痕迹,以至于自己都不愿承认自己的愤怒。所以对完美型的人不要敷衍,也不要巧言令色讨他们欢心,他们内心非常清楚自己想要的结果。

全爱型的给予者经常充当大仁大义者,他们渴望帮助别人而且慷慨大方,但是却并不是很了解自己的需要,一些因为施舍带来的骄傲悄悄蕴含在情绪里面,有一种因放低自己的需要而舍身服务的自豪感。在面对全爱型的给予者的时候,最快建立友谊的方式就是接受他们的帮助。

成功型的实干者在生活中经常碰到,他们通常活在一个现实的社会里和一个虚拟的内心世界里。他们非常不愿意公开自己内心真正的感受,这种感受每个人难免都会遇上,成功型的人几乎把这一条当做座右铭,他们宁愿生活在想象的成功中而不愿面对真实的自己。

艺术型的浪漫者我们通常称他们为艺术家。他们特别崇敬别人有自己没有而自己又非常想要的东西。他们情绪一般都不太稳定,感性经常占上风。跟艺术型的人交往必须称赞他们,让敏感的他们肯定自己。

智慧型的观察者充当着研究分析者的角色。他们知识渊博、温文儒雅,条理分明却表达含蓄而且沉默内向,他们习惯于对周边的事物进行观察总结而不愿实际参与,人际关系淡漠,不害怕被孤立。因为他们相信自己能与知识为伴。在与他们打交道的时候要尽量亲切而非亲密,给他们时间和空间最能得到他们的友谊。

忠诚型的怀疑论者是谨慎的,甚至有点过于谨慎,对任何事都充满怀疑,他们相信变量和无常,但又墨守成规。他们喜欢亲密感,有非常强的团体意识。在工作中,忠诚型的人会是一名尽心尽责的好员工,他们凡事容易做最坏的打算。所以给予忠诚型的怀疑论者指引和安全感才能使与他们的交往如鱼得水。

快乐型的享乐主义者活泼好动,多才多艺而且快乐热心。他们的每一天都充满了惊喜,他们喜欢用快乐来填充内心的空虚,因此他们本身是非常容易满足的。他们常常看不出问题的重要所在,而且不愿面对麻烦和痛苦。对这种类型的人不要太高傲,而且要善于提醒他们生活的重心。

领袖型的保护者比较喜欢追求权力,他们独立自主,追求公平正义,不

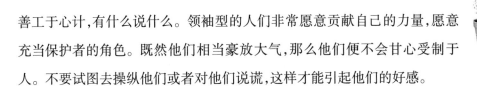

善工于心计,有什么说什么。领袖型的人们非常愿意贡献自己的力量,愿意充当保护者的角色。既然他们相当豪放大气,那么他们便不会甘心受制于人。不要试图去操纵他们或者对他们说谎,这样才能引起他们的好感。

和平型的调停者经常愿意充当和事佬,他们似乎受到了与世无争的诅咒一样不喜欢改变。他们温柔和善、不喜欢竞争,对大多数事物都不大感兴趣,无论愤怒与否都尽力让自己保持平静。在社会交往中,他们往往是不显眼的,从来不会试图引起别人的注意。他们有时候只是为了迎合别人去做某件事,所以多关心他们内心最真实的想法,并告知他们自己的重要性才能看到他们最真的一面。

九型人格在现代的公司管理中非常实用,它还被推广到服务业、金融业、生产制造等行业,九型人格不同于星座和"大五"人格模型,它承认儿童时期的伤害对人格形成的重要性。每一种情绪每个人都能体验到,但是每一种类型的人体验的程度和持久度都不一样,因此形成不同的性格。

刺猬理论:保持和同事之间的距离

姐妹情深亦遭暗箭

小夏初入公司时,发现小敏和她来自同一所大学,既然是大学校友,小夏和她当然会走得更近些。小夏把初入办公室处理不好的人际关系都告诉小敏,小敏也把每次老板给她讲的东西都告诉小夏。小敏还告诉小夏,办公室里哪些人该接近,哪些人接触不得,小夏因此对小敏充满感激,跟她好得形影不离,也就和其他人疏远了。

不久,小夏发现,身边的同事似乎都在刻意回避她。当她和上司说话的时候,对方也是用一种打发的态度。小夏感到十分不解,她问小敏怎么会这样,小敏也没说出所以然。后来,小夏偶然从同事那儿听到小敏埋怨同事的话却成了她说的了,小夏才猛然惊醒,自己是新人,小敏和公司同事已经共事几年了,难免会把所有的流言飞语都推到自己头上,同事也深信不疑。

小夏从此心里有了杆秤,于是她和所有同事都保持良好关系,也不再和谁拉关系了。

办公室是个大熔炉,加进来的什么材料都有。像小夏这样初入社会者更是要学会保护自己,大家在共事的时候有时不会表现出最真实的一面,有时候甚至愿意看别人的冷笑话,也有挑拨离间、挑起是非者。所以要和同事之间保持良好关系,但也不要好得天天粘在一起,这样不但容易产生审美疲劳,而且容易生出是非。

刺猬理论同样也适用于办公室关系中。和同事保持距离是对自己的一种保护,这样便避免了因和某位同事走得太近而遭到其他同事的冷落。人们对人际关系讳莫如深,仿佛是一项深奥的学术。事实上利用好刺猬理论就够了,大家共同工作的目的是为了能够做好分内的事,拿到工资,彼此的关系保持在适当距离就好了。

在职场中,好多人和领导走得非常近,他们认为有提拔机会的话自己肯定势在必得。在没弄清楚状况时,巴结讨好的事情做了一大堆,最后才发现自己的领导即将退休或者根本没受到重用。最后懊悔自己站错了队,拍错了马屁。

员工和上司之间的上下级关系其实并不复杂,下级服从命令完成上司的指示以实现工作的正常化。上下级的关系和睦了,才能取得更好的成绩,如果关系不够融洽,下级得不到上级的重视,就会不利于个人的发展。

大家进到一个公司大多是为了实现自己的价值,公司也需要大家为公司的发展尽职尽责,而不是走一些歪门邪道的捷径。倘若不能给公司带来利益,即不能胜任这份工作,那么再好的关系也只是水中月、镜中花。要干好工作又要找到自己和同事及上级的合适距离,这才是成功之道。

管住嘴巴,心里要搁得住事

"祸从口出"

乔伊和琳达同在一个办公室上班,两人平时性格比较投合,也就成了好朋友。琳达是总经理的秘书,所以公司的一些机密她都比较了解。

那天,琳达跟乔伊闲聊的说,听总经理的意思,好像公司内部人员要进行调整,谁可能会降,谁可能会升也大至说了一下。她嘱咐乔伊不要说出去,这事得保密,除了经理就琳达一个人知道,要是公司其他人知道了会不安心工作。

乔伊听了后也没当回事,过了几天,当其他同事聊到他们部门主管的时候,都说主要太严肃了,贪小便宜不说,还老是让他们加班。乔伊顺口说了一句,咱们的日子可能就要出头了,上面的人也看不起他,可能会让他下来。

大家都知道她跟琳达要好,都觉得这个消息比较可信,很快他们部门主管可能要降职变成了一定会降职,而且很快就传到了这个主管的耳朵里。他到总经理那儿去讨说法,经理把他打发走了,之后厉声对琳达说:"你肚子里怎么连这么点儿事都搁不住呀?"琳达想到自己的确告诉过乔伊,真是悔得肠子都青了。

心理学研究认为,那些透漏秘密的人远要比保守秘密的人的心理疾病多。人们觉得保守秘密会承担心理压力,其实泄露了秘密之后同样会产生精神紧张感,而且更胜于那些把别人的秘密烂在肚子里的人。

同事会把秘密告诉我们,是因为他对我们有足够的信任。同事的个人秘密,一般都有着不愿意透漏给其他人的隐情。如果我们把这些隐情说给了其他人听,同事肯定会有被出卖的感觉,而且这样做并不会取得其他人的好感。

但是几个人凑到一起,难免闲话一些家常,尤其是女性,她们认为这样才能建立良好的人际关系,如果某个女孩子从不谈论别人,反而会给人留下不好接触的印象。但有一些是千万不能拿出来说的,比如同事的隐私,或者别人的经济状况、医疗、保险等话题。

我们可以谈论工作中遇到的情况,也可以讨论一些客户的状况,说一些对大家都有利的事活跃气氛。但是对于同事与老板之间关系的话题却尽量不要提。心里要装得下事,不能管不住自己的嘴,看到大家说得高兴,把自己知道的也一股脑儿地说出去了。有时候和朋友或者同事闹不愉快了就喜欢抱怨,抱怨出来的话一般都没什么好话,这时候就给了一些舆论的制造者一个可乘之机,有时候自己都不知道这句话什么时候说的,却已经被别人宣扬开了。

所以,有损别人的话就更不能说了。

俗话说:"闲来不说人非",背地里说别人的时候最容易起是非。尤其是一些不可靠的消息,一传十、十传百就会改变其最初的真实性。如果真说出了什么事,大家都会逃避责任,最初说过的人自然会遭殃。再说,心里搁不下一点儿事的人怎么能指望他承担大任呢?

像例子中的琳达那样,总经理是相信她的人品和专业素养才把事情告诉她,可是她竟然告诉了别人,也难免日后总经理会不再信任她,有重要的事不会跟她商量了。尤其是身在关键位置的员工,心里一定要搁得住事。

职业角色:学会拒绝

拒绝也是一种美德

大家对孙天帅这个名字一点都不陌生。他是 20 世纪 90 年代的知名人物,曾因拒绝韩国老板的一个命令而被大家争相传颂。

1995 年,孙天帅所在工厂里的工人们因为在工作的时候打盹儿被韩国女老板怒斥罚跪。一百多名来自河南、四川、江西、湖南等地的工人们相继跪下了,只有孙天帅顶天立地地站在那里。

老板说:"跪下"。孙天帅说:"不可能"。老板最后说不跪就别在我的厂里面干活。孙天帅放弃了在那个时候来说是相当可观的薪水,毅然离开了工厂。

大家在感慨孙天帅英勇举动的同时,其实也反映了自己的渴望心理。在现实生活中,大家对老板的要求从来都是服从,很少会拒绝。其实有时候心里也明白,老板这是下的什么命令呀,非常不靠谱或者根本就是错误的,可是却没有跨过心理的那道门槛,没能勇敢拒绝。

小赵做销售工作,在公司已经有三年了,他和老总关系不错,很受老总的赏识,在上一任市场部经理离任之后,老总便把他调去做了经理。小赵的销售工作虽然进行得非常不错,却他未必适合做管理。小赵自己也有过担心,但是对于提升这样好事,他怎么舍得拒绝呢。

小赵做了一段时间的管理之后,发现自己越来越力不从心。原先和他一起工作的同事非常不服,他们有些人的业绩比小赵好却没得到提拔,而且许多琐事和难题是他始料未及的。最后,不但因为自身能力无法胜任经理的职位而不得不离职,连原先的销售职位也回不去了。

老板也是普通人，他们也有判断失误或者考虑不周全的时候。所以要学会拒绝，这不仅是对自己负责，也是对公司对老板负责。

　　拒绝是一种美德，它不仅需要勇气，更是对个人知识和见识的一个考验。如果孙天帅也跪下了，那么韩国老板会认为中国人没有自尊，可任由她摆布。因为有了孙天帅拒绝，所以别人的情况才得以被重视，境况得以改善。

　　有一家食品公司招一名资深策划，有一个人去面试，他看到食品公司气派的办公楼和豪华的厂房的时候，相信该公司拥有雄厚的实力，当他问及资金问题时，老板信誓旦旦地说没什么问题。于是他也没做仔细考察便设计了一个大胆的方案，老板欣然接受。结果方案还没执行到一半就因资金周转问题半途而废了。这时他才知道这些美丽的"外表"都是用银行的贷款建起来的，公司根本没有余力实施他的那套方案，他不得不选择离开，而且给企业留下了一个烂摊子。

　　这个例子说明，作为一个高级策划者，应该拒绝老板的不切实际的规划思路，做好全面的资源调研和评估，做出有效的可实施的策划，才会出现双赢的局面。

第 **4** 章

学习心理学:激发自己的潜能

　　要想学习好,就要善于学习,讲究学习方法。

　　每个人的内心都有尚未开发的潜在的力量,只有懂得学习心理学,才能掌握激发这些力量的方法。我们经常赞扬一些人有过目不忘的本领,通过本章你将知道,原来他们的过目不忘的本事不是与生俱来的而是通过后天的学习形成的。

有趣记忆，7±2法则的妙用

什么是7±2法则

"7±2法则"又称"7±2效应"，这个规律是由爱尔兰的一名哲学家在19世纪观察到的。他发现，一般人很难一下子记住超过7位的数字。例如5768924316348这几个随机组成的数字，让许多人听一次之后再复述，几乎所有人都能记住前面的7个，最少是记住5个，最多则是9个，这就是有趣的"7±2效应"。

认识"7±2"法则，就是要意识到我们自身对信息加工能力的局限。既然我们的大脑在短期很难一次性接纳7个以上的"信息组块"，那组合好信息块，一定会发现"7±2"对我们在记忆某些东西的时候大有帮助。

例如"行为心理学"这5个字，对孩子来说"行""为""心""理""学"，这是五个单独的板块，而对有一定知识水平的人来说"行为""心理学"这只是两个板块，如果这5个字在心理学学生或者心理学家那里又成为一个板块了，即"行为心理学"，它和认知心理学、积极心理学一样只是一个名词。

受到这样的启发，我们会发现生活中处处需要用到这个法则。平时大家都觉得单词难记，一些长单词记了好久都还是会把字母搞混，如果我们把一个单词也分组，就发现它没那么长、没那么难记了。就拿cooperation来说，我们知道它是合作的意思。可11个字母怎么能那么快就记住了呢？倘若我们把oo组在一起，per组在一起，tion组在一起，那么这个单词就只有5个组块了，我们记起来就容易多了。

像tion这样的词组，我们第一次看到觉得生疏，用了几次之后，也就成了记忆中的熟词。由此推广,我们就可以把好多单词都分成这样的组块,在背诵中广泛运用,那么英语单词的记忆就不那么难于上青天了。

很多人都觉得能记住圆周率后面几百甚至几千位的人很了不起,其实他们也都运用了这个法则,把他们熟识的数字团体组在一起,那么圆周率后面随机的数字也就相应被分成了一些板块,有了捷径记起来自然容易。很多人会说,这会不会脱离了"7±2"法则?当然不会了,而是人们在充分开发和利用这个法则,以打开我们记忆的局限。

其实这个法则不仅可以给成人们学习带来捷径,还可以用来教育孩子。孩子在背一篇课文的时候苦苦记忆,但也总是记不住,我们可以教他们先背一行,再背一段,最后把几段结合起来再成一个整体,这样的背诵就方便多了。而且要让孩子自己把这个方法在学习上推而广之,不要想着一口气就吃个大胖子。我们给他们安排学习任务的时候亦是如此,孩子的短时记忆就像一个家庭电表,电器同时开得太多,肯定会把保险丝烧断。

已经充分认识到记忆的重要性,那么我们就要找"7±2"法则的突破口了。我们不但要善于记忆,还要知道如何让自己不遗忘。

多吃补脑的东西强健大脑非常重要,像核桃类的坚果对大脑非常有好处,还有大豆、瘦肉、牛奶、动物内脏都对脑髓的发育有积极的作用。

很多人都注意到,一些老教师上课的时候,课本或者教案都不带,一样能把一节课上得很精彩。老师为什么能对教过的课很久都不忘呢?想想看,教师一般不仅自己预先备课,还在上课的时候讲一遍、在黑板上写下来又加深了记忆,再配上丰富的肢体语言和让同学们的见解,如此立体的增强记忆,想让那些知识不长久存在脑海都难啊。

我们不但要善于发现一些规则,更要好好地利用它们的神奇之处,就像"7±2"法则。运用它,突破它,更好的运用记忆力,就会在学习、生活或工作中更快地取得成果。

系列位置效应，注意记忆顺序

我还记得最后一段

老师让杨超起来背诵上一节课学习的课文《再别康桥》。杨超站起来开始背诵："轻轻地我走了，正如我轻轻地来，我轻轻地招手，作别西天的云彩。那河畔的金柳，是夕阳中的新娘，波光，波光……"杨超背不下去了，他泄气地低下头。

老师厉声问道，就会这么点儿？杨超没有回答，没等老师再问他又说，"我还会最后一段，"他马上大声背出来"悄悄地我走了，正如我悄悄地来；我挥一挥衣袖，不带走一片云彩。"全班同学都大笑。

看到杨超可爱的模样，你是否觉得很亲切呢？是不是在回忆自己曾和他相同的经历？你肯定也抱怨过，背了那么多遍的东西临到用时反而什么都不记得了，仔细回想，也只记得开头和最后一个段落。

像杨超同学这样，通过自由记忆，最后只记得一篇课文的开头和结尾部分的情况，我们把它称为系列位置效应，也就是我们对一系列的材料处于不同位置而记忆有所不同。

为何会产生记得开始和最后部分的不同呢？我们不得不从人类的记忆分区说起。

人类记忆主要分为短时记忆和长时记忆。这两种记忆就像电脑的内存和硬盘的关系。短时记忆是我们大脑暂存信息和处理信息的场所，而长时记忆则通过处理短时信息后才能被我们的记忆意识到。系列位置效应更是人类这两种记忆分区的证据。

我们读一篇课文，重复次数最多的就是第一段，为其准备足够的时间才能让它进入我们的长时记忆，所以我们在复述课文的时候，第一段总是清晰可见。最后一段因为它出现的时间最晚，尚未进入我们的长时记忆，还停留在短时记忆中，所以我们也能清晰记得它。因此，中间部分的记忆总是最差。

心理学家为我们的系列位置效应做了一个更切实可观的图像——U形曲线。从这个曲线也可以看出，位于中间位置的东西在我们记忆中处于谷底，而两端处于高潮。因此我们在给孩子上课或者给他们安排学习时间的时候，要好好利用系列位置效应。

早上和晚上的时间最方便记忆，那么让孩子在这两个时间段不要虚耗，中间时期不利于记忆，就可以让他们自由去玩。老师在安排课程的时候，也可以把重点放在上课之初和即将下课的时候，这样更方便孩子的记忆，倘若一节课下来，平平淡淡丝毫无跌宕起伏，孩子自然不会有深刻记忆了。

有句谚语说得好，"一年之计在于春，一日之计在于晨"。好好利用早晨肯定有更好的效果。而且有些人发现，晚上睡觉前看的东西也非常容易记住，这其实也是系列位置的一种体现。

暮然回首匆匆来去的大学时光，很多人对初入校门时的青涩记忆犹新，对毕业时的稳重和匆忙也尚有感触，大学中期的细节，还得慢慢回忆才能回想起来，而毕业时的感慨又记得更牢，这是为什么呢？

因为位置系列效应伴随而来的还有"首因效应"。就像我们在高速路上看到来来往往的车，即使黑色和蓝色的总数一样，如果我们下高速的时候最后一眼看到的是黑色，那么我们便会认为路上黑色比蓝色的车多。这就是"首因效应"。它虽然是系列位置效应的佐证，但是它确实在无形中影响着我们的生活，要好好利用它为我们有限的记忆服务。

既然我们本身没法改变，那就要改变习惯和方法。师者不仅要学会鼓励学生，还要会利用科学的方法；父母不仅要关爱孩子，更要懂得怎样的关爱才是有效的。我们掌握了神奇的"系列位置效应",才能给孩子合理安排时间,才能让他们付出的汗水都有收获。

神奇记忆,解密过目不忘

神奇的记忆法则

琳琳上中学的时候,老师讲到了圆周率,同学们都只能记到圆周率后面的 7 位数,即 3.1415926,琳琳却可以记到后面的 30 位 3.141592653589793238462643383279。老师和同学们都很惊奇,都觉得琳琳的记忆力一定比其他同学要好。

后来,琳琳告诉大家,她从爸爸的书房里看到一首古诗,那首诗正可以像圆周率这样背诵的,即:山顶一寺一壶酒,尔留吾,上午把酒吃,酒干两餐不食肉,尔乐死,餐餐爬山而吃酒。她能背诵这首诗,所以很快就记住圆周率的前 30 位了。

聪慧的琳琳原来并非比其他同学聪明,她不过是知识学得比别人更丰富罢了。所以她在学习中能够记住其他同学都记不住的东西。

看过棋局的人都知道,一些象棋大师不但能快速走棋,而且能和多个人一起下棋,大家都觉得大师们一定有一些特殊的才能,比如过目不忘,记忆力比一般人强。他们的大脑是不是与我们不同呢? 丹麦心理学家对此做了试验。

一个象棋大师和一名新手过招之后再复盘,象棋大师所用时间明显快于新手,而且大师的正确率达到 90%,新手的正确率却在 40% 左右。如果研究者让他们两人都看棋局 5 秒,然后研究者将棋子随机移开,让他们俩复盘,结果这种任意放置棋子的棋局,两个人复盘的正确率基本没什么差异了。

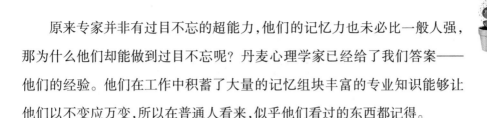

原来专家并非有过目不忘的超能力，他们的记忆力也未必比一般人强，那为什么他们却能做到过目不忘呢？丹麦心理学家已经给了我们答案——他们的经验。他们在工作中积蓄了大量的记忆组块丰富的专业知识能够让他们以不变应万变，所以在普通人看来，似乎他们看过的东西都记得。

为何在自由过招的过程中，专家会比新手快很多而且准确率很高呢？专家研究发现，象棋大师脑海中的记忆组块要比新手多得多，也就是说，在他们自由棋局的复盘中，他运用了丰富的棋局知识，所以能表现优异。而在一个由别人操纵的假棋局中，棋子之间没有固定的规律而言，他们就没办法运用先前的知识，记忆组块也用不上了，所以他们就和新手表现相差无几了。

和计算机下过象棋的人也会觉得电脑神奇无比，你要出什么棋它仿佛都预先知道一样，总是被防御得死死的，很难胜过它们。

而象棋大师却觉得没那么神，他们和计算机"深蓝"对弈的过程中，在前三局就发现了计算机的招数，不过是记录了一些棋谱，然后防御得滴水不漏而已。他们后来走了一步棋谱上没有记载的怪招，引得计算机频频错误出击，最后终于获胜。当然后来计算机也有了许多改进，但是它终归只是储存了大量知识而不会灵机应变的机器，它们模仿了专家的经验，却模仿不了他们的思维。

人们感兴趣的东西总是能够触类旁通，而且能容易记忆相关板块的知识。数学爱好者对数学知识耳熟能详，物理学者的物理知识一般人也只能望洋兴叹了。而能否成为一个专家并非是看他的综合能力如何，而是看他在自己的专业领域是否有深入的研究并有所建树。

几乎没有一个领域的专家在短时间里就能让自己达到一流的专业水平。即使是天才作曲家莫扎特，他早期的作曲也算不上大师级别的作品。所以，既要会学习，又要活学活用，触类旁通，不断丰富自己的记忆组块，这样才能慢慢做到过目不忘。

运用艾宾浩斯遗忘曲线

遗忘的规律

林老师发现他班上的学生有一个奇怪的现象,第二天复习过前一天所学知识的学生和完全没复习的学生相比,前者都还能记起昨天学过的内容,完全没有复习的学生差不多都忘了。长时间这样持续的话,复习过的学生继续复习,他们记得的东西能强化,但是并不会增长太多,不复习的孩子继续遗忘,他们忘掉的东西也不会更多。

在我们的生活中,像该例中的现象有很多,我们把这种现象称为"遗忘规律"。艾宾浩斯是德国心理学家,他是第一位发现遗忘规律的心理学家。他对人的遗忘过程做了一系列的研究,最后把实验数据绘制成一条由快变慢的抛物线,人们把这条曲线称为艾宾浩斯遗忘曲线。曲线以时间为横轴,知识的遗忘量为竖轴。

艾宾浩斯遗忘曲线表明了遗忘发展的一般规律。遗忘并非一直持续的,遗忘是先快后慢,最先的时候遗忘很快,逐渐变慢,很长一段时间后,能记住的东西就会积存在脑海,几乎不再遗忘了。

记忆分为长时记忆和短时记忆两种。刚学到的东西就是短时记忆,反复复习就是将短时记忆变成长时记忆,被大脑保存着,任何时候只要提到相关的东西就能回想起来。那么什么是遗忘呢?遗忘就是我们对曾经熟悉的东西最后不再能记起或者是错误的回忆。

艾宾浩斯在做这个实验的时候用了一些干扰记忆的因素,比如没有实际意义的音节。要记住 36 个随机组合的单词需要重复记忆 54 次,而记忆六首诗中的几百个音节,平均仅需要 8 次就可以了。他用这个实验告知我们,记忆能够理解的东西迅速而且牢固,死记硬背一些超过自己理解范围的知识只会费力不讨好。例如,很多语文成绩不错的学生英语也很好,他们用记忆古文的方法去记忆单词,同样能够取得很好的效果。擅长记忆数学公式的学生能很快记住物理、化学的公式,对于能够理解的东西,会更容易记住。

虽然艾宾浩斯曲线被称为遗忘曲线,但是它的主要目的是为了记忆。遗忘和记忆就像一对冤家,他们总是不能碰头。我们必须找到一些路径,让遗忘在开始时不那么快,并多运用几种记忆方法,最后达到不会遗忘的目的。

所有人都知道多读多背就能记住英文单词,可是记住了也会很快遗忘,怎样才能让它在脑海长存呢? 首先,死记硬背。这种方法虽然不被人们提倡,可是在初接触一篇新的文章或者需要背诵的单词时,走捷径是没有用的,只有死记硬背,知识才会在我们脑海里成为短时记忆。

死记硬背记得快,可是忘得也同样快。大学生中流行这样一句话,"曾经我会三角函数,曾经我还会算两颗星球的吸引力和配平化学方程式,现在我又成文盲了。"这就是曾经死记硬背知识的结果。为了避免这样的结果,许多专家又提出了逻辑记忆。逻辑记忆就是将原理放在有背景的环境中,在适当理解的基础上进行记忆,这样更方便记忆,记得越深刻,遗忘得越慢。

逻辑记忆发生在死记硬背之后,能让知识更巩固。但是它需要一定的理解水平,所以这种记忆方法对青少年和成年人比较实用。而真正要达到永久不忘还要通过运动记忆,运动记忆并不是指肢体运动,而是要让大脑动起来,如老师们提前备课,上课的时候讲课,复习的时候还会讲,而且每年又会重复讲授,这样知识就深深刻在他们的记忆中了。如果我们想要记什么东西,不妨也如此试试。

倘若你已经能够背诵一首诗,再多记两遍的确能加强记忆,但是当时即使再多读十遍,其效果也不会更好。反而是注意时间间隔,隔一段时间就复习一次更有效,这样就能避免陷入遗忘曲线的低谷。

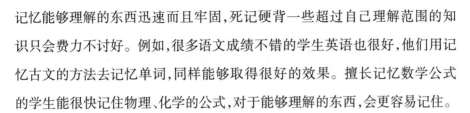

战胜自己，走出"詹森效应"的怪圈

贫民窟走出的大法官

埃文·库伯是非常受尊敬的大法官。他小时候在贫民窟长大，父亲是收入微薄的裁缝，为了给家里节省开支，家里取暖的煤都是库伯捡回来的。库伯到他家附近的铁路上去捡煤渣，他觉得没脸见同学，便偷偷从家后面溜过去再偷偷溜回来。可是那些比他大的同学还是看到了他，并以欺负他为乐。

父亲发现了库伯的自卑之后，送给他一本描写英雄如何奋斗的书。库伯如痴如醉地看着书，甚至假想着自己就是那个英雄，他觉得自己的遭遇和他们相似，他也要用自信战胜自己的不幸。

后来他做到了，他每天都在增加自己受挫的心理承受能力，他敢从大街上跑去铁轨拾煤了。当他又被那几个想捉弄他的大孩子欺负时，库伯拿出他所有的勇气跟他们搏斗，那是他人生第一次没有转身就跑，而是把几个大孩子打得落花流水。他强大的心理力量帮助了他，他继续培养着强大的心理素质，也为他后来做一个维护正义的法官铺垫了道路。

"詹森效应"来自一名叫做詹森的年轻运动员，他的实力雄厚，平时表现良好，可是在体育赛事上却连连失利。因此人们把那种平时成绩不错，但是由于心理素质差而导致最后一分钟总是失利的现象称为"詹森效应"。

生活中这样的例子也不少见。很多名列前茅的学生在高考中成绩总是不理想。一些运动员技术不错，实力很强，最后却总是饮恨败北。

赛场中的失误，有时候是因为运动员自信太强或者不足造成的。自信太强者平时受到他人的追捧和教练的偏爱，总觉得自己胜人一筹，造成一种

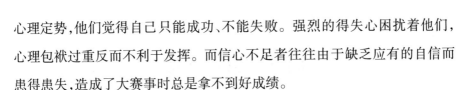

心理定势,他们觉得自己只能成功、不能失败。强烈的得失心困扰着他们,心理包袱过重反而不利于发挥。而信心不足者往往由于缺乏应有的自信而患得患失,造成了大赛事时总是拿不到好成绩。

其实,即将面对考试或者比赛的人不必恐惧上场后会怎么样,要心平气和地答题或者表演,想想看,考场不只是考所学知识,还考验一个人的心理素质。"狭路相逢勇者胜",克服恐惧感,才能在狭路上战胜别人,让自己获得胜利。

有些演讲者,台词在台下背得像顺口溜,可是一站到台上,就紧张、慌乱,脑子一片空白,不知道从哪儿开始说了。出现这种情况的主要原因还是由于演讲者对自己的要求过高而又缺乏自信造成的。这时候大脑既兴奋又抵制,导致植物神经功能紊乱,所以使自己处于既想成功又怕失败的犹豫中。如果聚精会神地想着演讲稿,不考虑外界因素,演讲者自然能顺利开讲。

埃文·库伯从一个胆小怕事的自卑小孩最后变成心理素质相当强大的的法官,他的事迹非常值得人们深思。库伯能战胜自己,是因为他知道自己的战场不只是和几个小青年搏斗一下而已,而是要去做更大的事情。如果像詹森一样,一到关键时刻就稳不住了,那再多的成功机会也会白白溜走。

古人云:致虚极,守静笃。精神高度集中的人是心无旁骛的,他们根本不会注意到环境的变化或者他人的表现,心中没有任何羁绊。他们不在有限的时间里计较得失,而是想着尽量做到最好。倘若这时候内心被狭隘的得失蒙蔽,很难有好的表现。

心灵强大才是真正的强大,心灵强大的人才是真正的强者,一个人的心理素质直接决定着其生命价值。放手一搏,才是真正的洒脱。每个人的心理素质都是被练出来的,能接受失败的人,才有可能成功。

回忆的最佳环境

回到事情发生的地方

王明是一名警察,他正在办理一件入室抢劫案,他唯一的证人是当时在房子里的阿菲,可是她被吓疯了,无论问她什么她都不知道,只是不停哭泣。

王明想了个办法:只有还原现场,回到事情发生的场景,阿菲才可能回忆并说出一些嫌疑人的蛛丝马迹来。他把阿菲带回已经凌乱不堪的房子里,阿菲刚开始像着了魔一样疯狂尖叫,王明稳住她并不停地问,"你看到了什么?"阿菲根据记忆将她所见到的一切说了出来。王明马上就联想到了是几名惯犯。这时,案件的结果在王明的心中也已经有了眉目。

回到记忆发生的场景对回忆有很好的帮助,这不仅在案件侦破中常常用到,用在我们学习过程中或者生活中,同样有很好的效果。

就像毕业很久之后再回到曾经学习过的教室,老师讲课时的模样是不是历历在目呢? 即使是很小的一些细节,比如同学借的橡皮擦没有还,复习的时候大家互相帮助,在多年后依然能想得起来。因为再次身临其境,大脑皮层会将以前的环境再次展现出来,所以以前发生的事就像是刚发生的一样。没有回到这个地方,大脑就会抑制这些回忆。

再如,你走出家门想去买点东西,可是隔壁的邻居这时正好也出门来,大家打个招呼顺便聊了会儿天,就发现把要买的东西给忘了,而且怎么也记不起来。这时候最好的办法就是回到家里看看,要去买的东西马上又会转回脑海。

上面这两种现象在心理学中被称为"场合依存性"。

这也是为什么体育教练把每次测试都当做大比赛一样,要运动员在心中记着下面有成千上万的观众。因为参加大赛的时候场地发生了变化,如果没有良好的心理素质就容易紧张,即使有很好的水平也可能发挥不出来。而每次都当做比赛一样训练,运动员上大赛场的时候也会觉得其环境和训练差不多,就能更好地发挥自己的水平了。

心理学家证实这是有一定科学依据的,因为人对熟悉的环境有一定的依存性。初到一个地方总是容易紧张,而把这个新的环境想象成我们熟悉的地方,紧张感就能减弱。如高三的学生要做很多题模拟高考,甚至叫"一模""二模",还要把考室布置得如同高考考场。被测试的次数多了,学生的惧怕心理就能降低,许多高考后的孩子都说,不过是一场月考嘛。他们能轻松应对,就是因为平时已经熟悉了这种环境,他们再次备考也如处于熟悉的环境一样。

相同的场景能帮助我们的回忆,就像电影《观音山》里出租房子的那个母亲一样,她的儿子因车祸去世,她留着儿子的车,思念孩子的时候就到车上坐着,然后都是泪流满面出来。如果那个母亲把悲痛记忆忘掉,换个环境生活,或许就没那么容易记起生活中的种种不幸了。

如果自己不开心了,那么换个环境,出去走走,郁闷的心情就会被抑制,转而关注其他的东西。环境变换了,心境也会相应变换。所以记忆的规律不仅可以让学习更上一层楼,还能帮助我们保持身心健康。

好记性不如烂笔头

多写能帮助多记

小袁随身总是带着一支笔和一个笔记本,无论大事小事或者凭空冒出来的灵感,他都一一记录下来。朋友非常不解,觉得他是不是记忆力太差了才这样细心呢?

小袁告诉他的朋友们,他的记忆力不但不差,反而非常好,他习惯性地记录一些东西是他高中时的一个老师给他的启示。那时候他的成绩很一般,他却自诩天赋极好,不需要做笔记,便能记得住一些东西,老师不忍心看到一块好料子就这样浪费,就在他的作业后面批注到:好记性不如烂笔头。小袁被老师的话打动,便学会了做笔记,而且把善于记录的习惯保持到他参加工作。

小袁的朋友听了他的话,也都觉得很对,因为许多时候人们会因为只用脑袋记东西,不久又忘了而耽误了很多事。

像小袁这样,整天带着笔在身上,并时刻记下重要东西的人,他们的知识会比别人更丰富,他们会显得比别人更聪明,而我们去追寻事情的本质,会发现并非是他们的记忆力比别人更好,他们不过是比别人更善于记忆罢了。

前面我们讲到,一件事进入我们脑海,在最开始的时候是遗忘得最快的。从心理学上说,我们能做个笔记的话,非常方便日后的复习,能加深记忆。

学会记,才会方便回忆。就像我们在阅读一本书的过程中,也会冒出无穷灵感,这种稍纵即逝的感觉,如果不善于记下来,就很难有真正的创新和突破。

做笔记并不是一件简单的事,要学会留白,不同的知识点要用不同颜色的笔。记的时候虽然累点,但是其结果自然会比想象中好。勤快抄写,更能加深记忆,古时候的文人墨客小时候因为家里穷,从别人家里借来书然后抄下来学习,这不但让他们记住了渊博的知识,更为后来的成功打下了坚实的基础。

做物流的小张最近也开始随身带着笔了,他说好记性还真是不如烂笔头呀。小张刚开始从事这个工作的时候,师傅就告诉过他,不只要会心记,还要会笔记。小张觉得他记性不差,也没有出过什么事呀,老是用笔记来记去的多麻烦。结果有一次他一忙就把已经发过的货给忘了,又重复发了一次,后面的客人等着拿货却没有了,他急得团团转,一家一家地查,最后好不容易才把事情纠正过来。从此他不再大意了,而是老老实实地捏紧笔头做好每天的记录。

做好笔记不但是个良好的习惯,还会帮助我们增强思维的条理性。做学问是一个积少成多的过程,当我们读到优美的散文时,把它记下了,慢慢发现已经摘抄一大本的时候,我们自身的语言能力也就提高了。

善于记录的人一般都很善于学习。学习本来就不是一件容易的事情,不动笔墨怎么能行呢? 因此,学习的时候要多做笔记。工作中、生活中,更是要把需要记下的东西丝毫不漏地记下来。

第 **5** 章

管理心理学:发挥管理的最大效用

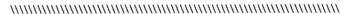

俗话说得好:男女搭配,干活不累。在一个人口自然分布的机构中,男性和女性成一定的比例,他们工作起来才会更有劲。

在管理中,还有一些技巧,如用拉拉队的神奇作用激励员工;尊重共事的每个人,并给予他们有效的鼓励;公司高层管理人员要用好的情绪感染下属。

在一个没有竞争的团队里,人们的思维会慢慢老化,所以要引入竞争机制,而且要引入外部竞争机制,稳定内部,与外部竞争,这样才能打造一个强大的团队。

异性相吸效应:男女搭配,干活不累

提高工作质量有妙方

林有一个自己的团队,因其工作性质录用的全都是男性员工。林发现,他们开始的时候干劲十足,可是慢慢地就像泄气了的气球,而且还有许多坏毛病,比如一到休息时间就在工作间吸烟,他阻止过一次,可是一个男老板和许多男同事,老是念叨这些小事他又不好意思。

林向同事征求意见,怎么才能改善这样的状况呢。同事直言到,每天都面对这么多男同事,为什么不招几个女同事进来活跃一下气氛呢?

林照做了。结果办公室气氛马上就不一样了,不但有了活跃的笑声,而且只要女士一发言,吸烟的男士马上就避开,工作效率也提升了好多。林感慨到,早知道有这样的好效果,一开始就男女搭配着招聘了。

我国的阴阳图案总得阴和阳互行互绕才生太极,阴阳的平和搭配才能和谐与平衡。自然的发展和人的分布结构尚且如此,何况公司的人力结构呢?

"男女搭配,干活不累"在学术界也被称为"异性相吸效应"。也就是说,男性和女性有异性相吸的作用,男性和女性虽然智力没有高低之分,却有着性别差别。女性细腻温和,多擅长实际操作;男性意志坚强,多擅长抽象思维。人们得到异性的帮助或者称赞会更有满足感。

"男女搭配,干活不累"是有哲学依据的。美国科学家发现,60%的航天飞行员在航天飞行中会出现情绪低落、失眠、头昏甚至呕吐的不良反应。在相关人士建议加入一名女飞行员之后,这种情况得到了好转。不但之前的不良状况消失了,还有了更高的工作效率。

男女搭配干活的好处很多。如男士力气大,可做些重活,比如提东西之类,而女士爱清洁,打扫卫生、浇花、做饭她们都能胜任;男性通过视觉获得异性信息能力一般比女性强,一些感官冲击能引起男性心理上的愉悦和兴奋,比如女性的容貌、发型、指甲和衣裙等,所以有女同事在身边,他们能更好地工作。

而且,男性有较强的表现欲和征服欲,他们希望得到女性的肯定。当然,女性的表现欲也不弱,她们同样希望男性同事能够赞赏自己。这种相互需求的关系是人体的一种正常反应。男性在得到女性的赞美和同性的赞美后感觉是完全不一样的,同性之间的思维比较相似,而异性给出的意见他们更容易接受。

女性则会觉得跟男性一起工作更有安全感。一般女性思维比较缜密,所以一群女士在一起难免会斤斤计较。而和男士共事的话,她们更能放得开。女性潜意识中觉得男性能承担的责任更大些,所以有困难便乐于找他们帮忙。

当然,男女搭配也要把好尺度,不能万花丛中一点绿,这样不但不能起到积极作用,反而会引起矛盾。据科学研究,男女比例为 4:1 是最佳搭配。管理者要清楚如何搭配员工,才能让他们在工作中心情舒畅,充分发挥自己的才能。

激发活力,引入外部竞争机制

从吉利看竞争机制

吉利是我国汽车生产的本土企业,它始于 20 世纪。那时候中国汽车,无论是生产水平或者销售数量都不是很理想。在 2001 年我国加入 WTO 后,我国的汽车生产大幅集中,而且效率明显提高。汽车生产业不但已经典型的国际化,而且还带动了国内其他行业经济的增长。吉利更是这股潮流中的弄潮儿,在 2009 年,吉利不但买下澳大利亚独立汽车变速器生产商 DSI,年底还成功收购沃尔沃。

吉利的老总李书福说:"我们不但要练内功,更要向外看"。他的对手不但有国内的生产企业,还有国外的生产名车豪车的企业。如今的吉利汽车已经是我国十大知名汽车生产商之一。

竞争在管理上又分为"外部竞争"和"内部竞争"。比如我国进入世界贸易组织就是引入外部竞争,而国内之间的企业竞争就可算作是内部竞争。内部竞争具有可调和性和可计划性,像汽车生产业,国内的企业之间的竞争尚有政府做主,可以控制或调和。

外部竞争不具有调和性及可预见性,竞争双方经常可能就利益发生冲突,外部竞争基本是以削弱对方实力为手段,以扩充自己的疆域为目的。如国家与国家之间的竞争,并没有一个处于之上的机构可以调控这种竞争。

在一个企业中,内部竞争和外部竞争同是竞争,为何还引入外部竞争呢? 因为,引入外部竞争可调节内部的竞争力,并使组织稳定有序,只有内部协调好了,才有实力与外部竞争,引入外部竞争可争取一种良好的发展机遇。

在办公室里,当一个项目竞争进入白热化之后,同事之间的信任感可能会降低,而且还会想方设法赢对方,这样就会让一个组织高度不稳定。我们都知道,一个不稳定的系统总会面临崩溃,即便其出发点虽然是好的,为了刺激发展相互竞争,而竞争达到一定程度的时候,结果却会走向反面。

所以要引入外部竞争,由此来协调内部竞争。例如,国内的高校学术论文抄袭越来越严重,因为大家为了拿稿费和评职称你追我赶,却并没有在专业领域内获得实际科研成果的愿望。如果我们和国外的一些高校一比较,就会发现这些行为多么幼稚和不负责任。弄虚作假,学术水平不但不会提高,反而会逐步下降。

谈到竞争,肯定会有竞争标准。体育竞赛的标准非常简单,像赛跑,先跑到终点就是胜者。可是在企业管理中,要有这样明确的一个标准并不容易。无论标准多难制定,都必须是符合发展规律的,如果仅仅是一些堂而皇之的硬指标,只会引来一些恶果。

竞争是一种手段,而非目的。所以在运用竞争机制的时候必须了解它的用途和功效。引入外部竞争机制无非是为了激励员工的斗志,让他们发挥最大的潜力投入工作。引入外部竞争机制就像给员工的意识里加入催化剂,在人的能动性基础上,让他们的思维更敏捷,反应更迅速,工作更有活力。

总之,引入外部竞争机制,平衡内部竞争,可以给企业带来活力和效率,充分发挥人的潜能,为企业创造出真正的价值。

不负众望,拉拉队的神奇作用

竞赛需要拉拉队

北京一所高校正在举办一场篮球联赛,这天刚好轮到 A 队和 C 队对决。A 队队员人高马大,一看就像是能打好球的那种球队。C 队队员的个子明显落后,虽然身手敏捷,但也显得有些逊色。

比赛开始后,A 队不负众望,表现非常精彩。可是 C 队也不差,他们团体合作能力强,队员个子虽然小,但是更方便传球和运球。上半场下来 A:C 为 11:7,A 队队员一副胜券在握的神情,C 队队员明显有点慌张。

下半场开始后,C 队所在的学院来了很多男生、女生,组成了一个拉拉队,他们在观众席上大声呼喊:"C队,加油,C队,必胜。"无论进球与否,只要C队投球他们都会高呼表示支持。很快C队就追上了比分,在即将结束的时候,C队所在学院的老师们也一起呐喊助威,C队终于赢得了比赛。

在很多体育竞赛中,拉拉队的呐喊助威对赢得比赛起到了很大的作用。像上面C队那样,他们的实力不比A队差,但是没有A队那么自信,这时候拉拉队的呼喊就会给他们极大的鼓舞,最终他们找到自信并战胜了对手。

参加世界杯的球队都有相应的拉拉队上阵。拉拉队不仅能为队员助威和稳定球迷的情绪,更能让球员发挥 $1+1>2$ 的效力。人与人在临阵对决的时候,都希望背后有强大的力量支持着自己,给自己积极的鼓舞,而拉拉队正符合这一要求。

拉拉队发源于西方,主要是进行一种融合技巧性运动的表演,比如艺术体操、舞蹈,再配上节奏感极强的音乐,表现青少年积极活泼和团结一致的集体精神。拉拉队是赛场上的重要角色,它兼具观众的功能,却不等同于观众。

我国古代战争总要先鸣战鼓,并有一鼓作气之说,这就是强调外在因素能够影响从事活动的人的内部心理。环境会给人的心理带来影响,进而其行动和结果也会相应因影响大小而不同。

拉拉队的作用同样适用于现代管理。如上司陪着下属一起加班,并给他们加油打气,就能像拉拉队一样起到鼓舞人心的作用。有时候员工实在工作得太累了,伸着懒腰,这时候上司递过来一杯茶,就像是无声的鼓励一样,这时员工所有的倦意可能瞬间消失,一口气就能把手上的工作做完。

拉拉队的作用还在于能够营造气氛,一个懒散无力的团队也许能在拉拉队的作用下变得鲜活有力;一个正在徘徊的队伍也能在拉拉队的作用下勇往直前。人在不知所措的时候最容易彷徨,如果这时候给他一句肯定,就像让他吃了一颗定心丸一样。下属正在做某个方案或者策划的时候,难免会遇到很多困难,这时候关注他们的全程工作动态,并给予鼓励,就能让员工拥有最佳的工作状态。

一个团队,总是需要相互鼓励的,不仅下属需要上司的认可,上司同样也需要员工的肯定。在公司开会或者发布一条新规的时候,上司也总会有一句这样的口头禅:"对吧?""是吗?""行吗?"这时候如果有员工应声答应"好的"、"对"、"应该这样",上司就能顺利地把新东西解释给大家,就像有拉拉队在身后给自己鼓舞一样。

从人的内心讲都是希望被认同的,那些在体育场上竞技的体育健儿听到拉拉队的声音,就像身后有一只手推着他们,让他们奋力争取赢得比赛。当员工在犹豫不决、彷徨不安的时候,老板也给他们一只扶持的手,即使没有拉拉队的呐喊,可是却有了拉拉队呐喊的力量。

老板把拉拉队的作用引用到职场中,便能指引自己的员工,给他们助威,让他们在热烈的气氛里勇敢地做事,让他们用积极的态度去接受挑战,让他们信心百倍地去获得成功。

礼貌对待员工,管理从尊重开始

用尊重赢得尊重

张达总是躲避着自己部门的经理,因为他非常反感上司说话的口气和行为。他们部门的经理有在海外留学的经历,所以总认为自己高人一等,尤其是他的办公室就在张达座位的对面,他总是在路过的时候很没礼貌地说:"喂,给我把这个打印一下",或者坐在办公室里就开始喊"小张,给我买包烟"。张达有种自己已经改行做保姆的感觉。

不久公司人事调动,张达他们经理调到其他部门去了,新调来一个女上司。新来的上司在和人说话的时候总是微笑着，而且很尊重别人，事事亲力亲为。即使张达有时候习惯性地帮忙，新来的上司也说怕打扰他的工作回绝了，就算让张达帮了忙，也会真诚地说一句"谢谢了"。和新来的上司相处起来，张达觉得自己很干劲，而且还有一种被尊重的满足感。

像张达这样的经历，很多人肯定都有过。每个人都希望被他人尊重，而且也拥有被尊重的权利。尊重是人类较高层次的一种需要，它处于生理需求、安全需求、社会需求之上。所以做好管理，要把尊重自己的员工放在首位。

管理者不要认为自己高人一等。许多管理者总觉得自己是高高在上的，其实大家都不过是给公司打工而已，只是所处的位置不一样而已。位居管理阶层应该放低心态，用心去和员工真诚交流，这样才能做好管理，又给员工被尊重和被重视的感觉。

管理者不要对下属吆五喝六。不能像张达遇到的第一个上司那样，自认为留过学见识广，对员工粗鲁、没礼貌，使唤人，这只能让员工心里不满，从而对管理者有了躲避或者抵触的情绪，这样的情况下管理者又怎么能管理好员工呢？

管理者不要忽略员工的建议。和员工交流时，要专心致志地倾听，并认真了解他们所说的情况。员工有建议，是因为他在为公司的长远发展考虑，就像我们每天关心国家大事一样，因为这是我们的国家，我们希望它能越来越强。员工的建议也一样，而且他们身处工作第一线，他们更了解工作流程，他们的建议可能更有建设性，所以一定要给予重视。即使那个建议不可行，也要措辞委婉地说出来，并说明理由。

管理者对员工要一视同仁。在管理中，如果管理者在分配任务时失之偏颇，定会引来下属的不信任。更不能和某些员工关系亲近和其他员工疏远，若仅听一家之言，定会得到片面的结论。管理者要平等对待每个员工，让他们有一种集体归属感。

管理者要表现出自身的风度。一个风度翩翩的管理者更能得到下属的青睐。风度不只是指穿着,还包括眼神、姿势和话语。和员工说话的时候,微笑看着对方,还可配上生动的手势;得到员工帮助也要礼貌地表示感谢,这会让员工的心里非常舒服。

管理者不要轻易斥责员工,不要轻易动怒。员工总是被训斥或总是遭受上司的坏脾气,自然会想到这里肯定容不下他了,会跳到其他地方去。

好的管理者都是从尊重员工做起的,一个懂得管理的人,也会懂得怎样尊重他人。员工有自己的知识结构,也有普通人的各种需要,尊重他们,给予他们信心,才会打造出一个具有竞争力的团队。

了解员工的需要,进行有效鼓励

不同员工不同对待,跟上时代步伐

黄先生的部门里大多数都是85后,他们活泼而个性鲜明,非常有自己的想法。黄先生以前用在下属身上的那一套用在这几个年轻人身上基本不奏效。黄先生知道现在的85后、90后还不成熟,不能将他的那些50年代的老观点加在他们身上。

以前黄先生看到下属上班时间在网上种菜偷菜或者开餐厅,他会走过去说几句,现在他已经不去进行说教了,而是给他们留出时间专门偷菜。而且有网购需要时还向他们讨经验,这样既增加了和他们的交流,还了解了他们的想法和需要,黄先生觉得他虽然是个50多岁的人了,管理起新生代来也不在话下。

黄先生遇到的情况还算比较简单,事实上在一个办公室里,不同年龄、性别、性格的员工,他们的需要都是不同的,只有找准了"穴位"再进行鼓励,才会取得理想效果。

　　现在的 80 后、90 后正逐步登上时代的舞台,许多管理者也在针对他们的特点打造适合他们的管理模式。他们喜欢轻松自由、民主公平的处事氛围,那么管理者就不要高高在上,要和他们平等地进行交流,才能真正了解他们的需要,进而进行管理。

　　即使是相同年龄层次的员工,性别、知识结构、性格等不同,他们的需求也不一样。管理者不要认为员工上班只是为了赚钱,以为金钱奖励是最有效的方式。其实,在一个企业里面,对有抱负的员工要经常听取他们的想法和建议,让他们获得成就感。有的员工追求归属感,那就要让他们多参与公司的各种活动,这会让他们觉得自己是这个组织中非常重要的一员,工作之外的活动会让他们更能畅所欲言。

　　许多员工更看重他人的尊重。那么对他们的工作一定要表示认可,而且要多给予表扬。不要乱夸奖,希望被尊重的人没那么虚荣,如果虚情假意反而会引起他们反感。

　　也有许多员工爱表现自己,在一些会议上要给他们表现讲的机会,不要打压他们的积极性,并鼓励他们做好事情。

　　有些员工具有管理才能,因为工作性质让他们没有展示才能的机会。可以设计一定的级别和头衔让员工之间竞争,这样擅长管理的员工就会一步步获得提升,这不但能给他们带来满足感,更有善于管理。

避免内耗现象

人多,力量却没有变大

　　在王红的公司,各部门人满为患,许多部门都人数超编,人太多给公司带来了沉重负担,光是给这些人发工资,经费就已经难以周转。作为财政领导,王红感觉压力越来越大。

王红说,就像狼太多,会把鹿群吃光一样,鹿太多,也会把森林吃光。公司的资金除了保工资外,还要负责搞建设。人员太多,发工资都成问题,哪还有力量搞建设呢? 而且公司没有钱,解决问题的能力也相对减弱。公司解决问题的能力越弱,那么发展就越缓慢,员工就只能和公司一起越来越贫困。

常言道:人多力量大。而在王红的单位,人多力量反而小了,甚至成为一种负担,这是为什么呢?

德国著名社会学家林格尔曼对这种在单位中人浮于事的现象做过研究,并得出著名的"责任分散"论。责任分散会导致"内耗现象"出现,从而使人多力量反而了。因为在一个人承担一分压力的时候,他会以一个独立个体独自承担,全身心面对压力。当有两个人共同面对压力时,压力就会减半。面对压力的人越多,承担个体越多,压力的分量越少,那么个体投入也就越少了。

人多力量小,一般都出现在管理中,像抗洪抢险这样的情况,人多力量必定会越大。只有众志成城,全力以赴,人方可胜天。所以力量的大小并不在于是否人多,而是看参与者是否同心协力,大家的力量是否都使向了一处。

参加过合唱团的人也许会有这样的感受,当他们在训练的时候,声音虽然会随着人越多而越大,但是落实到每个人,声音却会相应减小。因为个人在群体中的责任意识下降,随着群体人数增多,人们的焦虑感下降,行为动力也相应降低。

既然找出症结所在,那么就看怎么"治疗"了。专家指出,针对这种情况,至少有两个解决方案。首先,分工明确。其次,强化团队意识。

分工明确是指每个人都有相对应的责任,这样就避免了推脱责任,就像在体育竞赛中,一个团队为何能做到团结一致提高各自的成绩呢? 因为他们每个人都有明确的分工,只有共同努力才会达到期望的结果。

同时,他们有良好的团队意识,有了成绩大家分享快乐,若落后于人,大家一起接受惩罚。就像"三个和尚"的故事一样,一个和尚挑水喝,两个和尚抬水喝,三个和尚没水喝。而当寺庙着火后,他们又能积极挑水灭火,因为这时候他们组成了一个有目的性的团体。他们有着相同的动机,所以人多就是好事了。

现在已经不是靠人多力量大就能取胜的时代,一个能设计出独特的运营方案的员工比几千个无所事事的闲人要实用。随着网络时代来临,智力取胜已经逐渐代替体力取胜。在这样的条件下,管理者都会多用能人、少用庸人。

现代企业都注重人的素质和能力。为了避免出现人多力量小的现象,可以让具有特长的人到相应的部门去,而非混在一个大集体里分散责任,造成人多力量反而小的局面。

在现代管理中,要用好人才更好地分配人才,这样既不会导致人才的浪费,又能给公司的财政支出减轻负担。

以公司为家,让员工有归属感

小余的归属感

小余又找了家餐饮企业,她干餐饮业多年,已经得出一条结论,天天有人走,周周有人来,很少有人在一家公司干上好几年。她找到这家公司也没抱多大希望能干很久。

刚去没多久，小余就发现这家公司的不同，工资、奖金和其他公司没什么两样，不同的是他们的管理。小余是外乡人，以前去的餐饮企业的员工宿舍条件非常差，老板随便租个平房，环境和她老家的猪圈差不多，只是很多餐饮行业都这样，她也就习惯了。而这家公司的员工宿舍和老板同在一个小区里，里面的设备虽然算不上豪华，但也应有尽有。

经理在开会的时候也没有官样子，而是非常亲切的询问他们工作中遇到的问题。小余还发现他们公司总能留住人，一些老员工都在这儿干了七八年。除了真有更好的去处或者不得不离职的，这儿的员工都觉得公司很有家的感觉，基本不会跳槽。

许多企业都喊大口号，要给员工归属感，在实际管理过程中却是五险一金都不能保证，给员工吃最便宜的饭菜，发最低的工资。可是在金融危机之后，许多用人单位都觉得员工贵得用不起，流失量很大，做了很多改进也不见效。怎样才能让员工与企业同心同德？让员工对企业不离不弃？那就是要给员工归属感。

首先工资和福利能给予员工归属感。很多员工工作无非就是为了赚钱满足生活的基本需求，这些都是通过工资和福利来实现的。虽然一个公司开出的工资不能让每个员工都满意，但是至少要保证员工的基本生活需求。比如过年的时候赶上春运，许多员工买不到返乡的票，有些老板就包车把员工送回家，这种做法就能给予员工温暖的感觉。

个人的未来往往是员工非常关心的，尤其是在一个公司任职，赋予员工个人的未来也是给予他们归属感的一部分。他们的个人价值如领导能力、管理能力、技术能力、业务能力，是否能在企业中体现出来，都会给员工的归属感带来影响。这就是为何人人都想进大公司，进世界 500 强，因为大公司里都非常注重个人能力并给予其发展机会。

公司的大环境也能给员工营造归属感。比如一些学设计的人都希望进奥美去工作，不仅仅因为它是全球 8 大广告事业集团之一，还跟该公司的大环境有关，它的成立就是让设计师释放非凡的创造力。

构造大环境间接也是建造一种独特的企业文化。这不仅能为员工营造归属感，还能为公司找到方向，打造属于自己的品牌。构造良好大环境还要从人性化管理入手，比如完成一个项目，可以带领员工去野餐、钓鱼、爬山、旅游，既可增进员工之间的交流，还能让员工感受到"家"的亲切。

要尊重员工，不要仅把员工当成劳力一样使唤，只是让他们拼命干活。要给他们说话和表现的机会。夸奖的时候点名道姓，批评的时候点到为止，让他们感受到自己的尊严，这样更能激发员工工作的积极性。

要善待离职员工。如果员工离职时损之无所不用其极，扣之无不令其惨，离职者不但会与公司为敌，过激者甚至会损害公司形象，这会让在职员工心有余悸，他们会想原来自己进的是一家这样薄情寡义的公司！

很多公司通过实行员工股权制给员工营造归属感。将股权交给每个员工，能提高企业的凝聚力和战斗力，员工成为合伙人，其工作态度必然也会改变。既是为自己工作，也就会更关心企业的经营状况，更有集体荣誉感和归属感。

给员工营造归属感就像给他们安全感一样，不是嘴上说说他们就能拥有安全感的，要以行动来证明。当然员工有了归属感之后，也会更好地投入工作。在人才流失严重的今天，让员工有归属感也是留住他们的方法之一。

传递暖意，用好情绪感染下属

情绪可以传染

小茹的老板和妻子在家吵了一架，有些生气。他来上班的时候刚好看到小茹拿着手机在发短信，便不分青红皂白地教训了小茹一顿。小茹觉得很冤枉，也很气愤。这时候有几个年轻女孩子进到店里来，不时地摸摸这又看看那，小茹没好气地说："不买别摸来摸去的。"女孩们很生气地出去了。小茹知道自己被老板的坏情绪传染了，可是却压抑不住自己的烦躁。

一会儿，来了一个推着童车的母亲。那个小孩子粉嫩嫩的，看到小茹就笑，那个母亲指着小茹对孩子说："叫阿姨"，小孩就很听话地叫了一声"阿姨"，声音清脆可爱。小茹逗着可爱的孩子玩了一会儿，她被那无邪的童真感染着，心情好多了。

小茹从领导那儿受了气，又把这种气愤传染给客人，客人回复给她愤怒的情绪后，在小茹的眼中全世界都充满敌意，直到看到那个小孩的笑容，被他快乐的情绪传染之后，她的心情才慢慢好起来。

坏的情绪传递起来只会引起更坏的效果，好的情绪传递起来也可以抵消那些不良情绪造成的负面影响。在一个办公室里，尤其需要老板或者上司用好的情绪带动大家，员工在这样的环境中才能更好地发挥积极性。如果老板整天都是愁眉苦脸或者烦躁不安的话，那么看到老板的脸色，员工的心情也不会好到哪儿去。

我们在工作或者生活中要懂得把握自己的情绪。既不要让别人的坏情绪影响自己，也不要把自己的坏情绪传递给别人。作为一个管理者，把快乐和坚强、勇敢等情绪传递下去很有必要，积极的情绪是对美好的一种向往，很容易被人接受。

在工作中，如果员工因为一个项目集体疲惫消极时，上司就该拿出积极的心态来，给下属一定的希望空间，比如承诺完成这个项目后大家可以休息几天，或者组织大家去聚会。希望，就是最强的动力，人在希望中可得到放松，当员工想到完成项目后的好事，自然就会积极起来。处处给员工成功的希望，是做好管理的重要因素之一。

任何人都有与别人闹口角的时候,公司的员工也不例外。这时上司不要袖手旁观,而是用爱去调解。任何负面的情绪,遇到爱都能冰释消融。如果员工间的关系已经闹僵了,管理者还加以指责,只会让他们心情更差,也就不能好好完成工作了。

一些坏脾性比如自傲、自卑、好胜、虚荣、妒忌等能形成负面情绪并在人群中传播,拼搏、坚强、善良、朴实等也能形成乐观积极的情绪影响他人。

微笑,对任何人都能传达美好的心意,早上上班给大家一个微笑,整个办公室的人都能围绕在幸福的工作状态中。一个企业的管理者,要先把自己的心情调节好,再用好的情绪去感染他人,这样才能营造愉悦的工作氛围,提高大家的工作效率。

第 **6** 章

消费心理学:明明白白花自己的钱

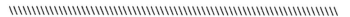

　　是什么原因让有些商品越贵越好卖呢?是人们的盲从。盲目地相信贵的东西就是好的,于是跟风买品牌,却不追究高价的合理性。其实,完全不必把贵的物品放在购买首位,而要明明白白花自己的钱,买物美价廉的商品。

　　当然,我们在和商家讨价还价的时候,还要掌握一些技巧,而且要避免被商家的一些障眼法蒙蔽。

商家诱惑，导致疯狂抢购

不可错过打折商品

李大妈在家闲着没事，跟她的邻居们学会了逛商场，这样不但能打发时间，她还把商场里的商品价格了解得一清二楚，平时她都只是看看不会去买，只有等到特价或者折扣很低的时候她才会买。她发现特价的时候买东西就是划算，所以这时候她会毫无犹豫地把打折商品扔进购物车。

偶尔李大妈还会叫上左邻右舍，大家一起去抢购比较划算的商品。有时候某件物品非常畅销，排着几十人她们也不烦。李大妈觉得，这打折的商品，不能错过。就算她家里都可以开个小卖部了，可是一到打折，她还是会义无反顾地去买各种东西。

面对打折商品，不只是李大妈会这样做，很多人都难以抗拒其诱惑，即使家里暂时用不到的，想着以后会用到也会买回去。平时看到昂贵的标价总会望而却步的商品，在特价或者打折的时候可以不用担心价格了。

很多人都不理解，为什么即使是她们不需要的商品，在打折的时候，她们也会疯狂抢购一番呢？

其实，很多女人本身就爱购物，尤其是在面对低价销售的时候，她们简直会欣喜若狂，并且有一股要"血拼"的冲动，这时候的快乐是平时购物很难领略到的。有时候一些女士并不是为了购下所需商品，而是在乎买东西时的那种感觉，这时候花钱会有一种丰收的满足感。

有时一件打折的商品未必会比原价商品差，打折和不打折的货物一起售卖，让人们在选择的时候觉得打折商品实惠又划算，物有所值，而买不打折的商品似乎就显得浪费钱了。

很多人都有贪小便宜的心理,看到那些平日里趾高气扬上架的商品,终于也要折价出售了,这种类似"天上掉了馅饼"的事,不捡才是傻瓜,为了抢商品,有的地方甚至出现过踩伤人的事件。其实,买打折商品这种消费文化在全世界都很受用,用优惠的价格买到最喜爱的商品,并不为过。

然而,在打折商品面前,人的心里也很矛盾,买还是不买? 不买怕这好机会错过了,买了又怕后悔。人们在抢购商品时,务必看好保质期,如果是衣服的话,很多都是号不全了,所以才折扣售卖。在买这些东西的时候,如果只是为了抢到它,而不考虑它的品质的话,很可能回到家就会后悔了。

一般来说,商家搞商品打折的促销活动,都是从他们自己的利益考虑的。有时候是某种产品长时间积压,有时是由于厂家一时资金周转困难,或者是在出现了另外的对手时,都有可能打折促销,这也正符合了一般消费者的心理,花钱花得物有所值。

现在的年轻人很有花钱的头脑,什么时候买什么样的东西他们都了如指掌。比如季末买当季流行的服装最合适,服装店一般都会打折。但很多专家也提出,对有些商品,尽量不要买打折的,比如奶粉、卫生巾,这些关系到幼儿成长和身心健康的物品一定要把质量放在首位。

钱在消费者手里,要买什么、怎么买,都看他们的心情,所以利用折扣来促销的方式只是商家想让消费者掏钱的办法之一。那么买东西的人心里就得有杆秤了,质量保证是其一,还要有使用价值。不能像李大妈那样,买那么多东西放在家里,长期不使用,有些东西都过期了。

人们抢购一些东西,无非是它的价格很吸引人,不买就会感觉吃了亏一般。对于学着理财的年轻人来说,打折商品是较好的选择。收入还比较微薄的毕业生也可以加入购买打折商品的行列,这样不但能够买到物美价廉的物品,还可以省钱。

打折商品对城市大众来说太常见了,也有人觉得为了买打折的货物去抢购会丢面子。事实上这不是丢人的举动,若花很少的钱买到自己需要的东西,还是一种成熟的会过日子的表现。当然也不能像李大妈那样凡打折品都买,还是要学会有计划、有目的地去理性消费。

木碗换宝石,物以稀为贵

木碗换宝石

古时候,有一个家徒四壁的穷人,他贫穷到最后只有拿着木碗到处乞讨为生。后来,他流浪到海边,在码头当搬运工卖苦力勉强生存。有一天,他偷偷地跟着船出了海,不幸的是在海上遇到了大风浪,他们的船翻了,他抱着半截木头顶着他的木碗漂流到了一个小岛上。

岛上的酋长第一次看到木碗,感到非常惊奇,他用一大袋上好的珍珠和宝石换走了穷人的木碗,并把他送回家乡。他们同乡的一个富人听说了这个故事后,也准备了一船珍稀古玩和山珍海味送到岛上。酋长接受了富人送来的礼物,对他大加赞赏,并说要送他一件非常珍贵的礼物。富人听了,窃喜他也可以发大财了。

在富人即将离岛之际,酋长把珍贵的礼物送到了他面前。富人愣住了,这不是那个穷光蛋以前的木碗吗?

这个民间故事说明,物品是否珍贵是相对的。在我们的生活中,钻石稀少,木碗平常。而在那个岛上,木碗稀少,钻石却很平常,所以木碗的价值远远高于钻石。

我们的周围,也有很多人会陷入买稀有物品的怪圈里。比如耐克的珍藏版运动鞋,香奈儿限量版包包,全球总共就生产那么几十双或者几百个,很多人不惜天价竞相购买,似乎以此可以炫耀他们多么富有,他们穿戴的都是别人根本买不起的。

商家走限量生产这个路线，就是深深了解了购物者的心理。人们都希望自己能与众不同，尽量买一些特别的东西。商家生产少量的物品，生产量远远小于需求量，消费者就会有一种物以稀为贵的心理，他们再把价格抬上去，一样能够赚到钱。商家既赚到了钱，又能让购买的人乐呵呵地回家，何乐而不为呢？

其实无论市场怎么变化，商品的实际价值永远不会变。只是资源少，想得到它的人多，从而抬高了价格。就像那个木碗，在那个岛上是唯一的一个，所以只有酋长能拥有它。而他们岛上普通的钻石，到陆地上却是珍稀的宝物，所以富人也想去得到它，甚至不惜用一大船的山珍海味去换。

这就像我国的房价，当农村人在农村种地，城里人在城市生活的时候，房价维持在一个正常的价格内。后来各方人口大量涌进城市，城市房子满足不了已有的人口需求，只有新建房子，房价便一路飙升。无论房子卖到多少钱一平方米，都会有人去买，有些人甚至把买房子当做一种投资，因为他们抓住物以稀为贵的消费规律，人口在增长，总是需要房子住的。

现在我们正经历着一个商品爆炸的时代，所以越少的东西或者越重要的东西被炒的越厉害，越炒就会越贵。对于那些狂热追求某种品牌的人来说，就正中了商家的计。拿苹果手机来说，第四代在中国消费者中已经像一个神话了，即将到来的第五代，有人甚至提前一个月搭着帐篷去等，而且被我国改良过的第四代，在"一机难求"的情况下，曾经被炒到8000多元依然火爆，甚至是14000多元都有人等着去买。

消费者追求时尚美观、功能强大的产品本无可厚非，可是那些崇拜苹果手机的"果粉"们明显缺乏理性判断，虽然苹果在中国打造的是高端电子产品市场，可是国人的消费理念和价值追求不得不引起反思。他们拥有苹果手机，已经不只是拿着一款简单的手机，而是以此为荣，赋予了许多其他的

第**6**章 消费心理学：明明白白花自己的钱

89

属性。

面对商家的物以稀为贵策略,消费者应该避开他们铺天盖地的广告和华丽的包装。对于普通的消费者来说,要把钱花在实际的地方,不要盲目跟风。

凡勃伦效应:越贵越好卖

不买对的,只买贵的

小琪在一家外企工作,和许多漂亮的白领一样,她过着独立的小资生活。小琪不仅在工作中严格要求自己,在生活中也同样坚持自己的品位。像包包得买 LV 自然是不必说,化妆品得买兰蔻这种法国货也是不在话下,就连一条毛巾也得买上百元的。

有一次,小琪的妈妈过来与她同住,对小琪"只挑贵的买"相当不满,想说她几句反而被小琪反驳道,"贵的东西自有它的可贵之处,父辈的那些老式的消费理念已经不能适应这个时代了,而且便宜东西没质量保证,更降低了生活品位。"

小琪的妈妈在超市买了一条 10 元钱的毛巾放在家里,小琪在不知情的情况下用了差不多两个月,妈妈问她,"这毛巾和你自己买的毛巾有什么不同吗?"小琪说"没有不同呀。"妈妈说,"这是我 10 元钱在超市买的,我看跟你那 200 元钱的也没什么不同啊。"

在我们身边,这样的例子处处存在。现在的年轻人宁愿拿生活费去买名牌店的衣服,甚至几个月节衣缩食买一个新款的手机,这是一种盲目的追求。就拿电子产品来说,很多人都要买尖端的,买名贵的,事实上里面的很多功能好多人基本上都用不到它。

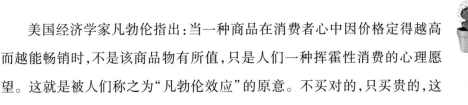

美国经济学家凡勃伦指出：当一种商品在消费者心中因价格定得越高而越能畅销时，不是该商品物有所值，只是人们一种挥霍性消费的心理愿望。这就是被人们称之为"凡勃伦效应"的原意。不买对的，只买贵的，这是一种错误的消费观念，可是为什么这个怪圈却一直在消费者中间蔓延呢？

因为追求高价格的人们相信品牌决定质量。在西方国家，品牌只是暗示质量。我国追求品牌的风潮早已从上层社会直抵平民百姓，尽管我国人们的收入水平相对发达国家而言要低很多，但是我国却是西方奢侈品最大的消费市场之一，一个挤地铁的上班族挎名牌包包并不证明她富有，只会把错误的消费观念蔓延下去。

"只买贵的"这个消费群还有很强的炫富心理，为了满足虚荣心，很多人买一件东西并不是因为它的实用价值。如小胡花血本买了一些名贵的"佳酿"在家收藏着，逢人便说这是什么品牌的，这瓶酒的价格多么高昂，酒却从来没有倒给客人喝过。一些女士追求皮大衣，先不说环保问题，就是保养衣服的花费也已经很高，却还是对此趋之若鹜。

一般人的钱可都是自己辛苦赚回来的，也许购物的时候也犹豫着花费是不是太高，只是战胜不了偏执的认知和虚荣心，也就义无反顾地买下了。许多专家都指出：消费需要理性才能使消费者不误入错误的消费怪圈。

相信了解比尔·盖茨的人会发现：拥有财富，也并非会把消费眼光投放在贵的物品上。比尔·盖茨是世界上个人拥有财富最多的人，可是他基本上不穿名牌，他只在重要的会议或者出国访问时才会买一套较好的西装。他的家里也从不摆放古董、名画之类的绝世收藏，和一个普通的工薪族家庭一样，只是放一些必需的生活品。在同事过生日的时候，大家都点贵的菜品，比尔·盖茨却点了汉堡和红酒，大家都不解地问他，他说"我喜欢吃这两样。"

很多真正富有的人反倒是过着最随性的生活，名贵的跑车、昂贵的奢侈品，这些对某些富有的人来说是一种负担，他们宁愿像一个最平凡的人一样生活。而盲目跟风的人却相信越贵的东西质量越好，越贵的东西越能呈现一个人的品位。其实根据自己的喜好去买自己喜欢的东西，追求物品的实用价值，就会发现，很多贵的东西既才实惠也不实用。

年轻人如果多和老人相处就可以从他们那儿得到很多有益的经验。老一代的人们都吃过很多苦，他们面对市场消费要理性得多。他们不去和人攀比衣服多少钱，不羡慕人家的车多名贵，而是根据自己的需要和实际生活水平买东西，从不会给自己太大压力，这样也就有财力去做其他更多有意义的事情了。

讨价还价，运用价格的心理效应

讨价还价

小敏想买一件羽绒服，可是她在街上转了半天也没有收获，要么质量不好，要么价格太高。她走进这家店里面，刚好一件红色的羽绒服正合她的心意，她试了试，又让朋友给鉴定了质量，朋友也觉得只要价格合适就可拿下了。

小敏问店家多少钱，老板开始说这个货是从哪儿来的，又怎样的好，小敏打断她说"我只是想知道一下价钱。"那态度仿佛这件衣服可买也可不买。老板问小敏能出个什么价钱，小敏说230元的话她就买了。老板说这个价格进货都不行，小敏向她朋友使个眼神就走了出去。

老板马上追出来喊道，"小妹，你诚心要不？要的话看在你是第一次来我这儿也就卖了，做个回头客的生意。"小敏和朋友偷偷地笑了笑，就回来买下了。

　　小敏最后能买到那件衣服,是因为她先运用了讨价还价中的猜心术。老板让顾客自己出价,是想根据他们自己的眼光来判断这件衣服的价钱,如果价格他能接受就会稍作讨价把货物卖给顾客。如果老板先开价,顾客跟他讨价还价,老板得到的利益或许还不是最大的,因为现在很多顾客已经积存了很多的消费经验,他们已经知道怎样才能用最实惠的价格买到最想要的物品。

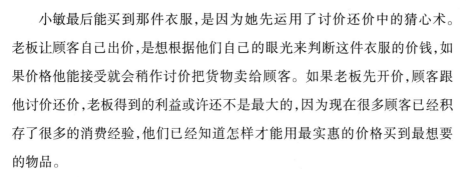

　　像小敏这样买东西的场景,在每条街几乎都能碰到。为了维护自己的最大利益,双方都会用猜心策略来和对方做一番心理较量。在与他人的心理较量中,要充分利用对手的弱点,隐藏自己的缺点,尽可能地让对方猜不透自己才能从中获胜。

　　先开价的一方自然有先发优势,她开价之后另一方经过讨价还价,如果双方意见能达成一致就成交了。

　　在购物中我们不难发现,急需某件物品的人往往会花高一些的价钱购买所需物件,急于出手的某些商家也会用较低的价格出卖自己的商品。正是因为这样,那些不慌不忙、不紧不慢的购物者往往能买到更优惠的东西。买与卖是一个相互的过程,买家有技巧,卖家也有措辞,比如"这是最后一件了,这批货马上就卖完了"的陈词滥调。

　　在有些城市,总有一些服装店的门口写着"库存积压、降价促销、最后三天"等字样,刚开始看到这个店家的人都会进去买点东西,觉得一般要拆迁而降价的地方货物一般都不错又实惠。事实上商家就是用了价格的心理效应来吸引顾客。首先,他们放着喇叭大声喊最后几天低价促销起到了广告的效果。再者,价格并没有太高,让购物者不再讨价还价。

　　商场如战场,商家想要在风云变幻的市场中立足,就必须想尽办法获得源源不断的客流,商家都很注重吸引客流并且稳住他们。好不容易有人要来买东西的时候,跟他们谈价格也成了一门学问,买卖双方各执其词,相互揣摩对方的心思,就像博弈双方。如果不能知己知彼的话,只能被对手淘汰或者赚不到钱。

而购物者也差不多熟知了商家的那些计谋,总是想尽办法和商家进行周旋。讨价还价是在合作可能的前提下的心理之战,各方都必须有收益而且都要给对方留出盈利空间。如果上例中小敏只给出 150 元的价格,老板肯定不会让她买走了。

在与商家的博弈中,没有绝对的输赢,最后只能是双方双赢才能进行合作。所以想买某件物品的的消费者最好让对方开价,自己开价太低的话对方会取消交易,开价高了买下之后就会后悔,所以让对方出价再和她讨价还价,这样更稳妥。

警惕"洗脑",神奇的进门槛策略

进门等于销售成功的一半

蔡小姐到一个电子商城去买相机,刚一走进去就被里面的阵容吓到了。放眼望去,无数的售货员半劝半拉地让客人到他们的门店里去看产品,当那些真正想买东西的人进去之后,经过售货员的一番"洗脑",便跟着他们到公司去看货,再经过经理的一番介绍,一桩买卖就这么成交了。

蔡小姐觉得自己千万要稳住,买自己中意的,而不是被那些售货员说服去买。正在这时,一个长相英俊的小伙子微笑着过来,问蔡小姐想买什么,她说随便看看。小伙子说他们家什么都有,硬是把小蔡给拽到他们的店里面,然后把各项产品详细地介绍给她听,蔡小姐最后觉得不买实在有点不好意思,就在那家买下了一个相机。

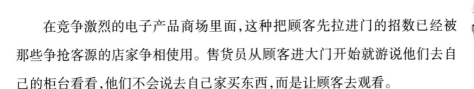

在竞争激烈的电子产品商场里面,这种把顾客先拉进门的招数已经被那些争抢客源的店家争相使用。售货员从顾客进大门开始就游说他们去自己的柜台看看,他们不会说去自己家买东西,而是让顾客去观看。

想买东西的顾客一般都不会拒绝商家的这套妙招,反正买东西在哪儿买都一样,如果对方态度好,去那儿买的话心里会更愉快,也就跟着那些有着三寸不烂之舌的售货员进了他们的店里。进去之后,肯定有销售经理之类的人开始对产品做解说,在他们的解说下,其产品的品质是同行里最好的,外观是同行里最亮丽的,性价比是同行业中最高的,让消费者想不买都难。

这也就是为什么商家会在让客人踏进他们的门槛上做文章。客人有没有购买的可能,首先也要看他们有没有接触到自己的产品,如果他们只是在门外徘徊,没有进去实地观察产品的质量,不清楚产品的功能,当然也就谈不上进来购买了。

这个招呼客人进门槛的策略也同样可运用在衣服的售卖中。许多卖衣服的人都会对走到门口的客人说,进来看看吧,进来试试吧,衣服要穿在身上才好看。看上了里面衣服的顾客肯定会被这句话吸引,就顺着卖家的意思进去了,衣服往身上一试,穿起来正是想要的那个效果,马上就掏钱买了。对卖家来说,很少有顾客会在橱窗里看到某件衣服后就进来,毫无顾虑地买下衣服的,一般顾客都是在经过他们的循循善诱之后,才愿意为这件商品付钱。所以他们要先让顾客进门。

让顾客踏进门槛再做生意,还要看顾客是否有这个需求。比如蔡小姐因为想买电子产品,所以才能被说服,如果她没有购买的意图,那么无论商家如何解说,其结果都未必能使她买下那个相机。售货员必须先揣摩对方是否想买东西,他们是路人还是顾客,从他们的言语神情中就能判断出来。如果只是路人的话,就算费尽口舌,也只能得到他们的一句"我再看看吧"。

许多语言培训机构也把吸引顾客进门槛的策略运用得滚瓜烂熟,他们打出"打折、名师讲座、送小礼品"的口号吸引人到他们的机构里,即使只是想了解的顾客也能被他们专业的课程顾问说服,自己不去上课也会让客人的孩子或者朋友来上课。

一些理发店还专门招一帮年轻的男生、女生到马路口发宣传单,他们最重要的任务是把客人拉到店里面去。小李就有过这样的经历,他在街上问了一下路,那个人就说小李的头型该换换了,他们店里的某个发型师是从日本留学回来的,专门为年轻人做发型,很快把小李拉到他们店里,小李在理发顾问的狂轰滥炸之下,剪了次好几百元钱的头发。小李最后都不得不感叹店家的这套手法,如果没人让他进这个店的门槛,他也许最近还不会去理发。

在商业竞争激烈的今天,商家费尽心思想办法获得客源,神奇的进门槛策略被一些商家利用得淋漓尽致。对此,顾客要有清醒的认识。

视觉迷惑,包装设计的心理技巧

可口可乐改包装

2008 年,可口可乐公司对其产品的包装做了一次调整,给瓶罐做了"瘦身",原先竖直的瓶身变成了"细腰"。两端虽然相应突出来了,却也没有因为凹进去的部分使容量变大,而且瓶口稍微改大。不细心计算的人会根据瓶口变大产生容量变大的错觉,事实上商家才不会变大容量而不涨价钱,他们反倒是利用包装技巧改小了瓶子的容积,价格却依然不变。

可口可乐公司引起这次风潮之后,很多饮料商家都相继做了变革,而且都是在包装设计上做文章。

人们在购物的时候很容易被一个货物的包装所吸引,比如牙膏。牙膏有大包装盖和普通装,很多人都会被大包装所迷惑,觉得肯定比普通装更实惠,事实上商家就是在这个号称"家庭号"的包装上引用了包装设计的技巧,引起消费者的关注并买下产品。

包装设计有很多设计技巧都是鲜为消费者所知的,比如色彩的技巧、图案的技巧,都能让购物者眼花缭乱。就像紫红色的包装,它能让物品看起来厚实而膨大,所以看到包装不进一步观察它的净含量的话,就容易被商家的包装给骗了。那些印在包装纸上的巨大图案,很能吸引客人的眼球,尤其是颜色越鲜艳的图案、越夸张的图案其销售量越好。

古时候一个郑国人去买珍珠,卖珍珠的人用一个做工精美的小匣子装着,盒子用桂花、花椒熏过,红色的美玉装饰着外表,还插着翠鸟的羽毛点缀。买珠宝的人看到这个盒子便迷上了它,把珍珠还给了商人。这个故事从侧面说明,商品的包装设计很能迷惑人。

在商品五花八门的商城,只依靠产品的品质已经不能赢得市场,商家只有想一些其他的方法吸引消费者。比如从吸引消费者的视觉入手,首先便是设计一个与众不同的包装,包装就像时装界的模特,模特的衣服看起来是多么的纤瘦有型、雍容华贵,不只是衣服装饰了模特,也是模特包装了衣服,所以吸引很多人盲目出手,买下来之后才发现根本不适合自己。这不过是商家的一个计策,就是要把产品做到足够吸引眼球,首先在外表上战胜对手。

消费者在进行消费的时候,首先就要避开货物包装的迷惑。要实地体验、观察、计算从而得出商品是否实用的结论,像某些洗衣粉的包装,虽然是同样的重量,但是包装的口袋要比别的品牌大一些,摸起来厚实一些,就让消费者觉得买这个要划算些,尤其是一些老人在购买东西时不会发现这里面的异同点,就会高兴地买回家。

还有一些在众多化妆品前犹疑不决的女士，其实她们最先只看到那些美丽的包装盒，一个靓丽的盒子首先能刺激人的购买欲望，再加上旁边售货员的诱导解说，轻易使一些女士在化妆品上花大钱。

在快节奏的现代社会，货物能否畅销，首先看它的包装是否足够有吸引力。人们已经不能停下来为研究两个商品的性价比而耗费时间，他们大都相信第一印象，能够在第一时间给他们好感的东西，他们就毫不犹豫地放进购物车。所以一些商家熟知购物者的心理之后，便把包装设计做得越来越与众不同，即使在货物上面偷工减料，也能把一些粗心的消费者蒙过去，作为消费者，要小心精美包装的陷阱。

情感植入，广告的感染力

台湾最感人的广告

台湾大众银行有一条让很多观众即使看了很多遍仍然会潸然泪下的广告。讲的是一个母亲从台湾飞到哥斯达黎加要中转北美、中美直至南美，飞了三天，转了四次飞机，为坐月子的女儿送中药的故事。

这个母亲只会讲台湾话，经过无数艰难终于飞到委内瑞拉，在换机的时候被安检扣留。因为他们不懂这位母亲携带的植物是什么东西，以为是违禁品，一直用西班牙语质问她，她只能大声哭喊求助，可是没人能听懂她说什么，直到出现了一名中国工作人员，才告诉大家，那是她要给生产完的女儿送去炖鸡汤的中药。

在场的人都震惊了，他们看到这个母亲抱着腿在机场的座椅上蹲了一夜，每次赶飞机她都是一路询问一路奔跑，她只是为了给女儿送去爱。最后的屏幕上写着：坚韧、勇敢、爱，不平凡的平凡大众。看完这条广告的人大都

对大众银行产生好感，并愿意了解这个银行。

大众银行的这个广告，无论是音乐，还是画面和解说词，都能给人一种信赖的感觉，从内心深处引起观看者的共鸣，芸芸众生皆有坚韧、勇敢、爱的优美品质。画面中母亲的焦急神情，更是能激发观众的怜悯，配上解说员的声音，让简单的母爱散发出人性的光芒，进而升华出无边的大爱。仿佛这就是大众银行的理念，深深映入观众的脑海。

情感广告是我们接触到的琳琅满目的众多广告的升华。同样是商业广告，一些广告只是为了叙述其产品的性质和作用，像脑白金的广告，三遍重复播放的台词，虽然达到了让人们记住这个广告的效果，却也引起了人们的反感。

现在众多的商品广告进入人们的生活，通过改变消费者脑海中的印象，进而使其购买该产品。广告顾名思义广而告之，把商品信息通过广告传递给消费者，诱导和引发人们的消费。广告能够指导人们消费，很多物美价廉的商品不为购物者所知，通过广告往往能把商品信息带到人们眼前，让人们能购买到它。

这种宣传性的广告是实用的，影响却不会长久，它并不能使人们在看到相应产品的时候就想到它，也就是说它的效力比较短浅。真正能够打动观众的还是情感广告，它无限贴近人们的生活，一个消费者的故事，能在人的心里产生深刻的影响。这种广告能走进观众的大脑皮层，当观众变身为消费者的时候，广告的作用便发挥出来。

就像三菱汽车的广告，它没有赞扬车的性能多么好，只是展现一个女儿从小就坐爸爸的自行车回家，爸爸背上的气味以及回家路上给她买的冰水的味道，让她永远不能忘怀。后来她在大城市有了住所和工作，回家不再需要父亲用自行车载她，她已经自己买车了。可是在回家的路口，爸爸还是骑着自行车在那儿等她。女儿感动地红了眼眶，最后一个镜头车内的设置一览无余,还打出汽车的牌子。相信很多人看过这个广告后都能记住三菱汽车了。

感人的东西,才能深入人心。人们首先肯定是记住这个故事,然后再记得广而告之的内容。情感广告一般都是从人们最关注的事或者时下最尖锐的矛盾入手。比如韩国的矿泉水2%广告,它首先切入时下年轻人的矛盾,男士没有工作的话,会让女朋友的压力更大,也会让相爱的心生出裂痕。它讲诉2%的距离,已经让相爱的人愈行愈远。广告中男女主人公都拿着2%的矿泉水顺其自然地喝着,人们看完广告,就像听完一则故事,对感人肺腑处自然忍不住流下泪水,也记住了他们同时喝的水。

情感广告不但能宣传一种产品,还能表达一种信仰,像大众银行这类广告,就是在图像中投射一种坚忍不拔的大爱。它能唤醒人的一些经历和感受,并激发人的回忆,同时赋予品牌的内涵和象征意义。像矿泉水2%的广告,它用水的名字制造了一个故事,同时暗示时下的女士越来越现实、男士压力越来越大的社会现象。

人们从来都不会排斥能打动他们的感人故事,许多商家便是利用人的善良和悲悯的本性,用情感故事将产品带进人们的眼球。这类广告不但能引起人们的好感,而且其积极效果远远大于那些互相模仿、浮夸无趣的广告。

第 **7** 章

成功心理学:成就人生的心理轨迹

一个成功的人,必然有健康的心态,有了好的心态才能更好地做自己的事情。无论从事什么工作,坚持做自己都是非常关键的。不要逃避竞争,在竞争中存活下来的才是强者,急于求成的心理会害了一个人,天上掉馅饼的概率是很小的,每个人都是一步一步走向成功的。

我们相信命运,可是我们的命运又掌握在谁的手上呢?答案是自己。保持谦卑的心,不焦躁,不三心二意,不始乱终弃,把理想坚持到最后的人,即使没有成功,也获得了不一样的人生。

帕金森定律：铲除效率低下的症结

天帝赐酒的故事

我国古时候有这样一个故事：讲的是天帝想赐酒给朝拜的群神喝，便让负责管理酒的官员去登记诸神姓名。他登记了 3000 年还没有完成，天帝便问他为什么，登记的官员回答，因为诸神都有抬轿子的。于是天帝说把他们也记上。又过了 7000 年，他还是没有登记完，天帝有点恼怒了，问道："怎么还没登记完呢？"管理酒的官员回答，"抬轿子的还有自己的轿夫"。天帝听后也不知道说什么了，后来就一直不再说赐酒这件事了。

天帝赐酒的故事放在现代管理中，就是一个臃肿的机构，人浮于事，导致效率低下，诸神最后都没领到赏赐的酒。这正是帕金森定律研究的核心内容。

帕金森定律是英国历史学家、政治学家诺斯科特·帕金森在 20 世纪 50 年代提出来的。经帕金森研究，一个人做事所耗费的时间差别非常大，比如一个人看报纸，他可以 10 分钟看完，也可以看半天。一个忙人寄一张明信片只需 20 分钟，而一个无所事事的老太太可能需要一天，找明信片需要一个小时，再找眼镜需要半个小时，然后查地址又需要一个小时，写问候的话需要一刻钟……

在工作中，如果没有把效率放在第一位的话，那么工作就会自动膨胀。时间紧迫，人会发挥他所有的能动性把力所能及的事迅速解决。时间充裕，人们就会放慢工作节奏，一边做其他事情一边完成工作，那么工作效率会明显降低。

帕金森举例，当某一个领导感到工作很累、很繁忙的时候，他会找一两个助手来协助自己的工作,助手的能力必须在自己的能力之下,这样才不会对自己形成竞争威胁。当这个领导的两个助手也都忙得不可开交的时候,他可能会考虑再给助手配两名助理。最后领导者高高在上掌控局面,一个人的工作变成了七个人干。当然,七个人会彼此协调、商议,他们有矛盾之后领导者要想法解决,他们每个人的意见都得均衡考虑,绝不敷衍,升级调任、工资住房、会议出差,都需要认真研究,最后工作越变越忙,甚至七个人都不够用了。

人越来越多,效率却不会越来越高。人越多,每个人所接收的差事越少,压力相应越小,工作效率相反会越来越低。在日常管理中,一个不称职的官员可能有三条路可以选:一是辞去职务,把位置让给有能力的人来干;二是让一个有能力的人来协助自己的工作;三是找比自己能力更低的人来协助工作。

一般人都不会选择第一条,这样会丧失工作,在竞争激烈的今天,能做到一个管理者的位置不容易。第二条也不能选,这是间地的给自己找了对手。那么只有选择第三条路了,平庸的助手不可能高效率完成任务,他还需要助手,人员越来越膨胀,效率却越来越低。这就像一个恶性的循环,不仅存在于国家的行政管理中,在一个企业的管理中也很常见。

帕金森定律存在的条件是必须在一个团体中,有一个权力不具有垄断性的"领导者",他的工作是不称职的。如果权力具有垄断性,那么他就不会害怕别人攫取他的权力,便不会找一个比自己能力还差的人做助手。如果他的能力能承担起他的工作,那他就没必要再找助手了。

由此我们可以知道,一份工作所需要的资源与工作本身的联系并不大。共同完成一件事的人越多,事情的重要性和复杂性被膨胀得越大,所花费的时间也就越多,效率自然而然就变低了。

找到了症结所在,那么,在管理中,首先要把握好用人权,不要受人为因素的干扰。在出现帕金森定律的团体中,科学用人,把工作的效率放在第一位,让领导者拥有绝对的权力,帕金森定律自然就瓦解了。

韦奇定律:做自己,不被他人干扰

摒弃闲言干扰

徐莉被公司炒了,朱华知道这个消息后并没有太多震惊。徐莉约了朱华去吃告别宴,表面是依依惜别,实际上却是鼓动朱华和她一起辞职。朱华和徐莉一起进的公司,进公司之后还算是比较好的朋友。徐莉因为做不出好的业绩,所以整天和一些想辞职的老员工在一起说公司的不合理之处,整天想着跳槽,待在这边只是还没找到下家。刚开始他们的确影响了朱华,让朱华整天都不想做事。后来朱华发现她其实非常热爱这份工作,为什么要被她们的闲言干扰到自己的正常生活呢?她马上调整自己的心态,说了很多她不能辞职的理由,大家话不投机就只能各自分开了。

韦奇定律是美国加州大学经济学家伊沃·韦奇发现的。韦奇发现,如果你有了主见,但其他10个朋友与你的意见相左的话,你就很难不动摇。每个人的一生都会做出很多抉择,大到婚恋、事业,小如出行、购物等。人作为一种社会性动物,每当左右彷徨时,总会向他人咨询意见,这样自然而然就面临了韦奇定律的困扰。

是坚持自己还是相信他人,首先要拿准自己的看法是否是正确的。其实一个人有自己的主见是一件非常重要的事情。在这个世界上,只有自己才是最了解自己的,只有自己才知道自己的潜力有多大。如果你做出一个决定,但是身边的人都不支持你甚至怀疑你,那你一定要用自己的判断来衡量自己,而不要在意别人的评论。

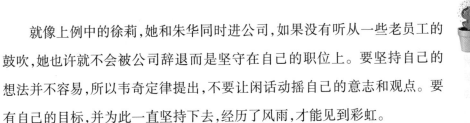

就像上例中的徐莉，她和朱华同时进公司，如果没有听从一些老员工的鼓吹，她也许就不会被公司辞退而是坚守在自己的职位上。要坚持自己的想法并不容易，所以韦奇定律提出，不要让闲话动摇自己的意志和观点。要有自己的目标，并为此一直坚持下去，经历了风雨，才能见到彩虹。

曾有句古语："未听之时不应有成见，既听之后不可无主见。"我们在做事的时候要有主心骨，不能像墙头的草，哪边的风力强就偏向那方。就像那些炒股的小散户，看到股市不错就加足马力勇往直前，面对急跌或是震荡就惶惶不可终日，没了主意，这是最容易在风雨无常的股市流失本金的股民，事实上，准备一定的资金随时准备摊低成本，随时都准备止损离场的客户才能盈利。

韦奇定律还得出另外一个结论：不怕众说纷纭，只怕莫衷一是。意见越多越不容易统一，即使多数人认同的，也未必是正确的。越采用别人的观点，越会造成自己的无所适从并迷失方向。所以在众多的意见中，要有核心的观点。

不听信闲人杂语，坚持走自己的路的人，最后才会取得成功。三国时曹操向孙权下了挑战书，吴国全国上下皆以为这下完蛋了，肯定会成为魏国的阶下囚。保守派劝孙权不要正面抵抗，而以周瑜为首的将士则是自请上场杀敌。孙权最后决定抗战，便有了著名的赤壁之战，使得不可一世的曹操败走华容道。

孙权能取得成功，首先是因为有自己的主见，所以两方相争时他坚决抗战。其次是他对自己的军力和士气非常有把握，尤其是有周瑜等人的支持，倘若周瑜也是反对抗战的，那么结果可能就不同了。事实胜于雄辩，如果自己是对的，无论多少人反对都要坚持，但是要有清醒的头脑，要善于分析，听得进意见。

你就是你，别人的话可以信，但不能全信，坚持最真实的自我，坚持不懈,方能修成正果。如果盲目听从别人的建议,不加思考,最终只能一事无成。

犬獒效应:敢于面对竞争才能更强大

在竞争中变得强大

我国有两家全国闻名的乳业公司,伊利和蒙牛。伊利是我国老牌的乳业生产公司,而蒙牛成立于1999年,在其创建初期,伊利已经是我国乳业巨头。即使如此,蒙牛还是低调地选择向伊利挑战。蒙牛的董事长牛根生曾是伊利的一员,经历一些内部风波他离开了伊利,正是由于他想要做一个和伊利一样强大的企业,所以蒙牛才在短短几年时间,茁壮成长。

在一片"向伊利学习"的口号声中,蒙牛暗地充实自己,而伊利却没有感觉到竞争对手的存在。经过几年的励精图治,蒙牛的销售额从1999年的4000多万元到2003年的50多亿元,不得不说是牛气冲天。

竞争,在我们的生活中太寻常了。如果没有蒙牛的"争",我们的市场中就不会有这么丰富的乳制品可供选择,竞争使得市场越发鲜活。争,使得人有决心去做一件事;争,使得人有毅力去做好一件事;争,是对工作和生活的一种态度。想要进步,就要敢于面对竞争。

自从盘古开天辟地,自然界就在竞争中生存。尤其是高智商的人类,更是一直都在争战中成长。战争会让人民生活在水深火热之中,但战争也能锻造强者。在科学日新月异的今天,用物竞天择、适者生存来形容这个时代再适合不过,通过竞争,才能使强者胜出,就如犬獒效应所讲的那样。

犬獒效应是指出生在西藏高原的幼犬,主人为了它们能适应严寒和恶劣的气候,便把几只幼犬放在一个没有食物和水的环境里,最后通过竞争幸存下来的那只犬,就被称为獒。

这种残酷的竞争机制已经被广泛运用到现代管理中。没有挑战,就不能显示一个人、一个企业或者一个民族的显著特征。有句话说"看你的身价,就看你的对手是谁。"有多强大的竞争对手,方才能够反射自身的力量。就像蒙牛一样,起家之初就把对手定位为伊利,各种指标都向伊利看齐,所以最后能成为奶制品的龙头企业之一。

人类的竞争虽然不会像犬獒效应这般腥风血雨,可是许多人就在竞争中走向了不同的命运。

在我们看得见的竞争里,我们会知道鹰是如何和蛇竞争吃到老鼠的,我们也能看见树与树为了竞争阳光而把枝干投向不同的方向。可是在职场管理中,人们都在隐蔽地竞争着,没有人会告诉你他想超过你,他想拿下你们同时在进行的项目,他只是会用行动,就像最后变成獒的犬一样,努力战胜同伴并取得成功。所以在职场中应提高竞争意识,有了竞争对手要奋力争取胜出,如果没有也要找出潜在的竞争对手。就像我们所熟知的运动品牌"耐克"和"阿迪达斯",饮料品牌"可口可乐"和"百事可乐",影视公司"华谊兄弟"和"时代华纳",他们之间没有明显的烽火硝烟,可是我们都知道他们在竞争以赢得市场。

当然,有竞争就有输和赢。竞争中胜者并非是建立在打败别人的基础上,即使有竞争,也同样可以互利共赢,共同提高。如果竞争是不惜一切手段而达到目的,那么竞争的意义就被扭曲了。大家肯定都看到过很多这样的新闻:运动员为了赢得比赛服用兴奋剂。这种做法遭到了众人的唾弃,因为这完全颠覆了竞争的本意,竞争是为了让参赛者在比赛中发现不足,提高自己。

要争取精彩的人生,便不能畏惧竞争。争,是一种智慧;争,是一种坚持;争,是对成功的渴望;争,是自然界生存的法则。无论我们是否接受竞争,世界已经向我们发出挑战的信号。只有在竞争中,科学技术才会越来越发达,人类的生活水平才能不断提高,社会的发展才会越来越快。

凝神专注,全身心地投入更易成功

忘了吃饭

牛顿是英国著名的科学家,他的许多趣闻轶事广为流传,相信许多人看完下面这个故事,便会对牛顿有更深的敬佩之心。

有一天,牛顿的朋友去他家吃饭,饭菜都已经摆在桌子上了,等了很久也不见牛顿从工作室出来。他朋友知道,牛顿一定又沉浸在新理论的研究中了,致使他忘记了吃饭。朋友就自己先吃了,吃完后还不见牛顿出来,便想着捉弄他一下,把刚吃完的鸡腿骨头放回盘子里盖好,就离开了。当牛顿感到肚子饿了从工作室出来时,看到盘子里的鸡骨头,再看看时钟,吃饭的时间已经过了,他便自言自语地说:"我已经吃过饭了呀,原来是我记错了"。于是他又回到工作室继续进行研究。

很多人都觉得牛顿一生非常幸福,倒不是因为他拥有非常伟大的成就,而是因为他能发现自己的使命并一直坚持,他对自身所爱的物理学那般如痴如醉,他专注的精神,就像是一个永动机,为他的坚持输送着源源不断的能量。

荀子在《劝学》中讲到:"不积跬步,无以至千里;不积小流,无以至江海。骐骥一跃,不能十步;驽马十驾,功在不舍。锲而舍之,朽木不折;锲而不舍,金石可镂。"由此可见,只有专注地去做一件事,才能将一个人的潜力发挥得淋漓尽致。

我们都知道专注力的强大作用,可是在生活中却并不是每个人都能很好地集中自己的注意力。当一个人同时做许多事情的时候，他会心烦意乱，可能会因为集中不了注意力，一件事也做不好。所以为了提高工作效率，我们必须把注意力集中在一件事情上，排除其他干扰。无论有多少事情排队需要解决，也都得一件一件来，高度集中注意力去做一件事，才会能尽快完成它。

专注最大的绊脚石就是分神，在我们集中思维的时候，有一些漫无边际的想法同时也冒出来了，这是不可避免的。解决它的唯一办法就是控制自己的思绪，不要让一些天马行空的想法来分散自己的注意力。如果让我们的头脑随便开小差，注意力很快就会涣散。

专注力就像其他行为活动一样，能够通过锻炼得到提高。当我们注意力集中的次数越多，越能更快地集中注意力。我们的生活无处不在给我们提供形成专注力的机会，比如听别人讲话、思考、计算都能提高我们的专注力。

环境能影响一个人的注意力，就像我们在工作的时候若同时玩着游戏，旁边还放着零食，肯定就不能集中注意力去工作了。

在训练自己专注力的时候，首先要把工作的环境清理好，同时清理自己的大脑。一个杂乱的书桌总是能唤醒大脑的很多浮游意识，学习或者工作的时候难免三心二意，一个整齐干净的氛围才能让人很快进入状态。同时当一个人把心思集中在一件事情的时候，他就能提高自己效率。

人们总是能集中注意力去了解自己感兴趣的东西。比如王磊很喜欢数学，所以做数学题的时候他总是马上就沉迷其中了。可是他在读小说或者背诵英语的时候就可能显得非常不耐烦。对某事缺乏兴趣，在关注的时候就容易分散注意力。

所以为了提高专注力，可以把工作分成不同的部分，让感兴趣的员工自己去挑选。这也可以训练一个人的注意力。

专注是一种蕴含着巨大能量的美,在工作中,我们要用心培养它,运用它,这样才能使自己离成功越来越近。

保持进取心,不断加足马力

进取的动力

单宇红,他凭着不断的进取心完成了三级跳,这个小伙子最后在《绝对挑战》中应聘成功了。

他没能通过高考考取理想中的名校,但是后来在大学校园中担任班长的职责让他重新振作起来。他毕业后进入一家飞机燃料公司,很快便成为骨干。可是平静的生活让单宇红觉得枯燥,他很快又进军金融业。为了考取理想的大学,他每天在工作和学习中来回奔波。在人民大学学习时,刚开始他不能适应,但是他凭着一股不舒服的劲,付出比别人多几倍的努力,终于获得人民大学的学位。后来进取心又让他居安思危,他意识到金融业的不稳定,于是又向媒体进军。

为什么单宇红每次的奋斗都有所收获呢?就因为他有一颗不断上进的心。用中央广播电台主持人的话来说就是:单宇红身上的进取精神,使得他做出了别人做不到的事,付出了别人望而却步的努力。

我们的今天,都是昨天选择的结果;我们的今天,又决定着我们明天的命运。我们羡慕别人成功的同时,是否也在准备自己的成功呢?每个人都想把梦想变成现实,当我们怀着一颗不断进取的心,自然就能获得持续的动力。

然而,现实生活中,有些人会主动去做自己想做的事情并一直坚持着,有些人会做别人告诉他的事也在一直坚持。有些人只有别人督促他做一件事的时候,他才会去做。还有一种人根本不知道自己该做什么,别人给的选择他尚且不满意,总是漫无目的地等待机会上门来寻他。可见,人们的进取心也有很大差异。

王经理曾经招来一名女助手叫小苏,小苏不但能把她分内的事情做好,还包揽一些她力所能及却不属于他工作范围的事情,王经理看在眼里、记在心里。有一次别人都下班了,王经理看到小苏还在研究那套西班牙语方案,便问"你能看懂吗?"小苏就此发表了一些看法,王经理觉得小苏的能力很强而且很有进取心。后来有一个岗位缺人,王经理马上把小苏调了过去,那个岗位的工资是她之前的四倍。

可见,拥有进取心,可以让人获得持续的动力,达到自己想要的人生高度,即使困难重重也阻碍不了成功的决心。想要和别人不一样,就要付出和别人不一样的努力,有着向成功进取的决心。不管未来会怎样,不论别人会怎么看,首先要想想自己拥有什么,自己离目标还有多远。

美国人没有下岗一说,因为一份进取心,即使已经80岁高龄,很多人仍然坚守岗位。比如著名的访谈节目"六十分钟"的主持人麦克·华莱士,在他的工作岗位坚持了60年,在87岁时因抑郁症不得不宣布退休。他从一个名不见经传的记者,做到世界闻名的主持人,让后辈不得不佩服他的能力和毅力。

对华莱士来说,无论是金钱和利益,他都已经拥有,他完全可以在60岁告老返乡颐养天年。他没有这样做完全因为那份持续的进取心,他不愿意浪费生命的每一天,他要把所有的热情都献给自己所热爱的事业,他不仅是美国新闻界一个里程碑式的人物,也为世人树立了一个持续进取,永不停歇的榜样。

一份进取心,会让停下脚步的人获得动力。在工作中怀有进取之心,不断地去充实和完善自我,那么成功就离你不远了。

登门槛效应：一步一步走向成功

聪明的骆驼

一个商队在沙漠中行进,夜晚在寒冷的沙漠中露宿。商队的主人正在帐篷里看书,这时候骆驼把头伸进来对主人说:"外面太冷了,我可以把头伸在里面获取一点温暖么?"主人看到辛苦一天的骆驼在外面冻成这样,也于心不忍,便让它把头伸进来。一会儿骆驼又说:"主人,我脖子也好冷呀,我可以把脖子也伸进来吗?"主人想到它头都伸进来了,便应允了它。后来,骆驼用这种方法把全身都伸进了帐篷内和主人一起度过了寒冷的夜晚。

如果一开始骆驼就说,"主人我好冷啊,我想进来和你一起避寒。"会有什么效果呢？也许它会被主人给轰出去,畜生想和主人共处一室太不成体统了。聪明的骆驼没有直接挑战主人的心理承受力,而是一直让主人觉得能够接受,慢慢把身体放进来,最后终于成功地在温暖的地方过夜了。这就是登门槛效应。

登门槛效应在管理中也很有用。一下子给员工提出很高的要求,一般人开始都很难接受。但是如果从低标准开始,慢慢地拉近和高标准的距离,员工们不但能体验到成功的愉悦,还能对工作充满信心。慢慢增加标准,人们会更容易接受。

在二手车市场,车价往往比较低,很多人都能接受。可是顾客真正去买车的时候销售商又以各种理由加价,最后价格并不低,可是成交量却很高。据有关研究发现,这些销售商就是在一步一步培养顾客的购买信心,最后成功进行交易。

做任何事都有一个过程,想要一步登天只能是做白日梦,只有脚踏实地,步步为营,才能接近目标。放眼望去,我们所知的每一家成功的企业,每一个有成就的人,他们都不是一步就走向成功的,都是经过万千努力,最后才获得了相应的成就。

有人会说,"许多人不都是一夜成名的吗? 他们哪里经过了循序渐进的过程呢"就像日本马拉松选手山田本一,他可谓"一跑成名",大家都觉得他是一匹了不起的"黑马"。他后来在自传中写道,在每次比赛前,他都会去赛场观摩一圈,把沿途比较醒目的标志记下来。长跑的时候每到一个地方他就告诉自己跑了几分路程,还剩几分。被分解的小目标很快就被他慢慢完成了。

如果一开始把目标就定在40多公里,漫长的路途很容易产生疲惫感,可能才跑十几公里就对前面遥远的路程失去了信心,如果像山田先生这样,把登门槛效应运用到长跑中去,最后就能成功跑下全程。

在生活中,我们还要警惕被人用登门槛效应利用。我们能循序渐进地成功,也有可能会一步一步进入别人的陷阱中。就像著名的青蛙实验那样,把青蛙放在开水里它能马上跳出来,可是把它放在温水里面,慢慢加热,它就意识不到危险,最后只能被烫死了。所以我们也要注意那些给我们提供"温水"的人,他们可能是设下陷阱,让我们处于"温水"中,最后把温水变成开水。

著名作家三毛在作品中写道:我们的人生就像登雅各的天梯一样,踏上一步绝不能升到天国里去,要一步一步地向上爬,才能到达某种高度。人生的过程就是这样,要脚踏实地、一步一个脚印去走,对待别人,对待成功,更是如此。

不值得定律：果断放弃没有意义的事物

放弃也是一种选择

越南战争结束后，法国人从越南撤走了，在战乱的街上留下一些财物。一个农夫和一个一个渔民去捡他们扔下的值钱的东西。刚开始，他们就发现一大堆羊毛，两人各分一半背着继续向前走。后来他们又发现了一些布匹，渔民便扔掉羊毛捡一些上好的布匹背着，农夫却把布匹和渔民扔掉的羊毛都背着向前走。

这时候下雨了，羊毛和布匹被淋湿了，越来越重。农夫背着它们步履维艰，渔民把布匹也扔掉了，飞快地跑去捡了较好的银器背在身上回家了，他后来变卖了银器过上了富足的生活，而农夫却摔在泥泞中，受伤之后他什么都拿不动了。

在生活中，有舍才有得，如果像渔民那样，最后终于能变得富有；而像农夫那样，就只能什么东西都得不到了。人往往因为舍不得放弃，选择才变得艰难。有太多的机会、太多的诱惑、太多的欲望都是人们渴望的，如果全都想去抓住，可能最后什么都抓不住。

无论最后选择了什么，相应的就放弃过什么。比如大学即将毕业的学生，是工作，还是继续深造，是出国还是留在国内，都必须做出选择。而且这些选择不可以是并行的，至少不能马上就同时能有多个选择。

有时候，许多事情都如同鸡肋，食之无味弃之可惜。就像农夫，他也知道银器比羊毛和布匹贵重，可是他同时都想拥有，所以才什么都没得到。只有态度明确地选择或者放弃，坚决不做不值得的事情，最后才能有所成就。

尼尔·西蒙是著名的编剧，大家都欣赏他的每一部著作，有人甚至认为他有过人的天分，才使得他如此成功。西蒙说，其实他的成功很简单，他每次写一个剧本都会问自己，这个剧本能否将每个角色都发挥得淋漓尽致？这个剧本是否值得花心思去深入创作？深刻地问过自己之后才着手去写。没多大意思的剧本他从来都不会去写。

西蒙没有浪费时间在不值得做的事情上，他把有限的精力全都投入到值得奉献的剧本中去，所以才能有所成就。有些人忙了一辈子，当他老来回忆人生时，也不知道自己做过什么有意义的事情。这种瞎忙活，当然不会有任何成就。

一般，人们对自己认为有意义的事情都会满怀热情地去做，但同样一件事情，不同的人去做其结果并不一样。就像在一个公司里，让一个富有创新意识的员工去做会计，他未必能做好这份工作。一份工作是否值得去做，首先要看它是否符合自己的价值观，能否与自己的个性和气质相合，而且能否看到希望，如果这些都不具备，那就要考虑是否该换工作了。

一个女孩和父亲出去吃饭，他们路过牛肉面门前，爸爸问她想吃吗，她说再看看吧。他们向前走又到了快餐店的门前，爸爸问她想吃吗，女孩说再看看吧。他们把一条街都转完了也没定下来吃什么。最后女孩说去吃牛肉面吧，当他们来到面馆前，人家已经打烊了。

机会不会永远等着我们，面对它我们如果犹犹豫豫，最后只能看着机会白白溜走。当我们没有明确的价值观的时候，就要认真地去思考，自己想要怎样的人生，然后再努力创造它，而不是把时间浪费在犹豫上。

鱼和熊掌不能兼得，放弃了，才能得到更好的，有了明确的目标，就应该全力以赴。20世纪有一个冒险家，他曾在小时候许下127个愿望，并立志用一生去实现它们，当他50多岁时，他已经完成了106个，他一生的愿望成了一生的成就。

每个人都会有进退两难，难以抉择的时候。每个人都必须放弃一些东西,才能拥有成功的选择。如果选择去做有意义的事情,就应该用所有的力量去完成它,绝不可为不值得做的事情浪费时间。

卢维斯效应:谦逊是一种力量

学会谦虚

鹰王和鹰后打算隐退深山,它们在山谷里徘徊了很多天,最终找了一棵枝繁叶茂的大树准备去生儿育女。它们的选择被一只小蚂蚁知道了,蚂蚁对鹰王说,"这棵树不安全,它已经很老了,树根也枯了,随时都可能被风吹倒,你们最好不要在这儿筑巢。"

骄傲的鹰王根本就瞧不起小蚂蚁的劝告,它认为自己的见识比小蚂蚁广多了,没必要听从它的建议。于是立刻就动手建立新家并搬了进去。不久之后,鹰后就孵出了一窝可爱的小鹰。一天,鹰王出去觅食了,山谷里突发暴风雨,大树被狂风吹倒了,鹰王回来的时候只看到鹰后在儿女摔下去的地方悲声痛哭。

鹰王后悔莫及,它悲伤地说,早知道这样就听从小蚂蚁的劝告了。小蚂蚁回答道,"我天天和树根接近,它是好是坏,有谁比我知道的更清楚呢?"

俗话说"尺有所短,寸有所长",如果鹰王虚怀若谷,听取了小蚂蚁的意见,它就能避免这次意外之灾了。在现代管理中,很多上层管理人员也听不进基层员工的建议,事实上,在公司基层奋斗的员工,在许多方面有时比高层管理人员更有真知灼见。就像小蚂蚁一样,它每天在树根觅食,所以它深知树根的好坏。

卢维斯效应是美国科学家卢维斯先生提出的,即人们在交际中,要么是完全不想自己,或者是把自己想象得太好,把对方想象得很糟糕。

古人云："满招损，谦受益"。古人用经验告诉我们，自满会带来危害，而谦虚会使人得到意想不到的好处。在和别人的交往中，如果因为对方知识或者见识不如自己就瞧不起他，听不进他的意见，对自己无半点益处。

谦虚犹如一个冷静的使者，它让在顺境中的人自省自问，它使唯我独尊的人谨慎行事。当然，我们在谦虚为人的时候，也不能太过掩盖自己的才能，谦虚与追求进步并不冲突。

小吴去面试，他把曾经获得的荣誉避重就轻的说了一些。在他看来，那些吹嘘自己的人都没有真正的本事。最后他没有被录取，因为面试官根本不知道他的实力。真正的谦虚是把自己摆在正确的位置上，客观地认识自己，而非盲目地忽视自己的成就，否定自己的能力，这样反而埋葬了自己的才干。

谦虚是一种自信。懂得谦虚是一个人成熟的表现，曾有人说"心灵如上帝，行动如乞丐"。就是说，我们可以有一颗高洁的心，但是要放低姿态做人。把抛头露面的机会让给他人，在真正需要的地方展示自己的学识，而不是为了面子和人争得你死我活。

谦虚是一种气度。周瑜曾为取荆州，多次和诸葛亮明里暗里较劲，最后被诸葛亮破了诸招之后气得吐血身亡，他亡故之前曾说："既生瑜，何生亮"。周瑜技艺谋略本不如诸葛亮，可他从来不承认这个事实，更因年轻助长他的骄傲之心，几番与诸葛亮斗智不成之后，终被气得病发身亡。

周瑜是三国时的一代名将，他的本领自然胜过一般人，可是人外有人，天外有天，但他并不承认自己技不如人的事实，反而给了谦虚的诸葛亮以机会，让诸葛亮摸清了他的招数和套路，学习了他的长处，最终，诸葛亮的实力越来越强了。

其实，如果每个人都把谦虚铭记在心的话，就会发现与他人的交流会更顺畅，办起事来会更容易成功。

巴纳姆效应:命运可以预测吗

一块钱改变命运

战争时期,一个年轻的士兵在河边救起一名轻生的妇女。妇女被救之后不但不感激他,反而责问他为何要救自己,士兵不解,她为何要轻视生命,便细细地问了她原委。

原来妇人的丈夫被官兵抓进了大牢,家里有两个老人需要抚养,下面还有三个孩子嗷嗷待哺,家徒四壁。她好不容易卖了些家当换了个银元,结果又被人骗了,给了她一个假钱。妇人说,她实在不知道该怎么活下去了。

年轻的士兵同情妇人,便把口袋里的真银元和妇人交换,随意把假银元放在身上就上战场了。在战壕里,一颗子弹直奔年轻士兵的心脏,士兵以为自己肯定没命了,可是后来发现子弹竟然打在了银元上,他并没有受伤。这块银元不但救了那个妇人的命,也救了士兵的命。

命运,是没有任何人能够预测的。有谁能够预测这个妇人会被年轻小伙子救起并且因为一个银元又救了他一命呢?生活中,很多人都相信算命的,希望通过这种渠道来了解自己的命运,因为人对未知的一种恐惧,所以希望能提前知道未来会发生什么,同时做好准备。

巴纳姆效应是指相信星座或者算命的人,对那些空泛的适合每个人的说法都套在自己的头上,并认为说得很准。古希腊人在阿波罗神庙上刻着"认识你自己"一直流传至今,我们总是希望认识自己,却又总是不能真正了解自己。所以迷信一些星座,比如星座说巨蟹座富有母爱,那么白羊座、射手座的女性就没有母爱了吗?星座上说水瓶座聪明,那其他星座的人就不聪明了吗?可这些泛泛的空话很多人都认为很准并深信不疑。

我们可以相信有命运，但是它并不是绝对的，我们可以通过自己的努力去改变它。

　　世界传媒大鳄默多克的妻子邓文迪，出生在广东一个普通的工人之家，曾经就读广州一所医学高职学校。最后她能走上世界传媒业的顶端，有人说那是她命该如此。事实上，她今天所拥有的一切，都是靠着她的双手辛苦挣来的，跟命运没有任何关系。如果她没有向上拼搏的动力，她不可能坐在今天的位置上。

　　用别人做镜子，并不能照出自己真正的面容。物理学家爱因斯坦的父亲曾给他讲过这样一个故事。他和爱因斯坦的杰克叔叔一起去为别人扫烟囱，出来之后，爱因斯坦的父亲看到杰克的脸和头上沾满烟囱黑色的灰，便以为自己肯定也是这样的，于是去洗头洗脸，可是洗的时候发现自己非常干净，并没有沾到灰尘。杰克看到爱因斯坦的父亲干净的头和脸便以为自己也是这样的，没有洗脸就走到大街上，却被街上的人嘲笑，以为他是个疯子。

　　想改变命运，首先要认识最真实的自己。一个人的态度能决定命运，以前不相信自己能做成的事情，现在开始努力去实现它，只要目标切实可行，坚持的人最后都能有所收获。

　　一个人的习惯会影响他的命运。坏的习惯使得一些人终身受害，比如爱赌的人，可能会输得倾家荡产也不改。我们都知道赌是坏习惯，会提醒自己不要去沾上它，而有些习惯却没那么容易控制，比如暴躁、沉不住气、骂人。这样习惯成自然之后，会让我们失去很多人缘，做事也很难得到他人帮助，当然离成功的人生就更远了。

　　人的欲望也会影响命运。许多人渴望得到某件东西，愿意倾尽一生去努力争取。欲望有正面的，也有负面的，许多正面的欲望让人功成名就，而负面的欲望却让他终身摆脱不了桎梏，在痛苦的泥沼里挣扎。

我们每天的头脑所想、口中所说、身体所做都在改变着我们的命运,没有人能控制我们的命运,除了我们自己的灵魂。所以,要树立正确的人生观、价值观,并为之孜孜追求,在逆境中自强,在顺境中自谦,最后我们会发现,命运其实掌控在我们自己手里。

下篇

下班要精经济学

第 **8** 章

经济学常识：天天用钱，你不见得能"懂钱"

\\\

到底什么是钱？书面上解释为"一种等值量化的交换工具，是促进社会繁荣发展的一种金融流通工具。"其实，简单地说，钱就是一种中介物。

俗话说"钱不是万能的，但没钱是万万不能的。"在商品社会里，每个人都和钱有着千丝万缕的关系。那么，到底什么是钱呢？

\\\

何为货币，认知"钱"的内涵

这些都是钱吗

世界之大无奇不有。大家通常认为"钱"就是一张张国家印制好的钞票。其实，所谓的钱并非如此，大家可以在一些古代电视剧中，看到古人采用贵重金属，例如金、银、铜作为交易的货币。而在非洲，人们却是用一种贝壳——"加马里"作为货币来进行商品交易的。

更令人匪夷所思的是美拉尼西亚群岛的居民，这个岛上的居民们普遍都养狗，所以就以狗牙作为货币，一颗狗牙大概可以买到一百个椰子，而娶一位新娘，必须给她几百颗狗牙作为礼金！这就导致近年来有一些贪婪的人向美拉尼西亚运入大量的狗牙，以骗取土著居民的各种有用物资，一度造成了"通货膨胀"。

类似的例子在全球范围内不胜枚举，各式各样的物品都曾被当做"钱"来使用。这就使得我们不得不认真思考，到底什么是钱呢？为什么金属、贝壳、狗牙等都称之为钱。

"钱"是什么？

"钱"在经济学上的真正含义又是什么？自古以来"钱"又是如何演变的呢？这些经济学常识对于普通大众来说是知之甚少的。

从经济学理论来解释，任何一种能起到交换媒介作用，有价值尺度和完全流动的财富储藏手段等功能的物品，都可被看做是货币，也就是"钱"。要是把这句冗长的定义只留下主谓宾语概括一下即为："钱即（特定的）物品"。

在遥远的原始社会，人类尚处于物物交换的阶段，即互通有无、以物易物。人们都是用自己无用或者多余的物资向别人交换对自己有用的物资。

例如,用捕猎的羊换取别人制作的石斧,用采摘的果子换取动物的皮毛等。在这样一个交换过程当中,充当交换的双方物品都必须是双方认为值得的、等价的,这样交换才能顺利进行。

但是,在有些时候,受到用于交换物资种类的限制,不得不寻找一种能够被交换双方都接受的物品,比如一只羊换一把石斧,一把石斧换一堆盐。石斧这种为人们所一般接受并且愿意交换的商品就被称为一般等价物,也就是货币的雏形。

在人类不同阶段和不同地域间的发展中,各种各样的物品都曾充当了一般等价物的角色。人们在寻找充当一般等价物或者是货币的商品的时候,通常找那些易于保存、不易磨损,且稀少、价值高的物品。如贝壳因为难以获得,也曾经在很长的一段时间内成为最原始的货币之一。观察我们现在的汉字偏旁部首中,很容易发现带有"贝"字旁的字都是和钱有关的,如"赚"、"赔"、"财"等。

后来经过长时间的淘汰和发展,人类社会一致采用金属作为货币进行流通。使用金属货币的好处在于,它需要人工制作,无法从自然界当中大量获得,同时还易于储存。此后,数量稀少的金、银逐渐成为主要的货币金属。但是,随着人类经济的进一步发展,金属的重量和体积以及易于磨损贬值等缺点使得它们不得不让位给轻巧易携带的纸币了。

这就是人类历史上货币演变的一个简述。而在今天,代表财富的主要是纸币,纸币在各个国家通常都是由该国的中央银行统一根据本年度国内的产值情况发行的。而经常被媒体提到的货币政策,指的就是中央银行为实现既定的经济目标运用各种工具调节货币供给和利率,进而影响宏观经济的方针和措施的总体结合。简单地说,货币政策就是通过一系列手段调节货币在市场流通量的多少。

不懂经济常识，财富就会溜走

股市称雄，决胜经济常识

"中国第一股民"是众多股民和专业人士对杨怀定的称谓，而"杨百万"这个美誉更是股民们对他带有羡慕的尊称。凭借着他所掌握的经济学常识，从 1988 年在被市场忽略的国库券市场上赚取了自己人生中的第一桶金后，他越战越勇，逐渐成为上海滩第一批证券投资大户，最后更是成为现在誉满全国的"中国第一股民"、"中国第一散户"。

2006 年下半年开始，我国股市当中 A 股经历了一波前所未有的大牛市，持续到 2007 年 9 月，上证综指攀上 5000 点以上的高位。这时，许多投资者盲目地相信并等待冲破 8000 点甚至是万点大关时，杨百万根据自己掌握的经济学常识做出判断，绩优股群体已经积累了相当大的泡沫，他告诫投资者特别是中小散户，不要盲目理解所谓绩优股的投资价值，而进入"价值投机"的怪圈。

事实正如他所料，股市在走高后持续深幅调整。而在股价大跌时，杨百万又低价买进大盘蓝筹股。就这样，杨百万仅仅靠着巧妙运用"低买高卖"的经济学常识，就在大部分投资者最后血本无归的情况下，稳操胜券，从中获利。

追逐财富无疑是人类永恒不变的话题，每个人都是平等的，所以都有自己追逐财富的权利。同样是追逐，但最终的结果却是贫穷和富有的天壤之别。

很多人都会在辛苦的工作之余，感叹和羡慕那些腰缠万贯的富豪们，同样是拼命工作，就是不明白他们是怎么挣到那么多钱的。其实，答案很简单,除了不可预知的机遇和运气成分外,最重要的一点,无外乎是他们掌握和很好地运用了经济学常识。

所谓经济学,并不是大家所想的那样深奥而难懂的专业知识。真正意义上的经济学其实就是生活当中的点点滴滴,诚如著名经济学家郎咸平教授在他所主持的一档财经类节目中所说的"生活无处不经济"。经济学其实就是从人类过往的历史生活中提炼出经济运行的最基本规律,用以预测将来的经济运行情况的学科。

我们所生活的社会是由一条条经济规律所带动运转的经济社会。在这个社会当中,谁能够知道和把握这些经济学常识和规律,谁就能够走上快速获取财富的道路。这也正是为什么有些人非常努力地工作和生活,却一直难以摆脱贫困的缘故。

我们生活在这个社会,就要学习和熟知一些最基本的经济学常识,才能够维持最基本的生存。虽然经济学在生活中这么重要,但是有人会问"我一点经济学常识都不懂,不也生活得这么安稳嘛?"

其实,我们日常生活中的各种行为,比如你和街边小贩讨价还价,这就是经济学当中买卖双方的博弈;当你从事生产性的工作时、当你上班要求加薪等时,处处都会涉及经济学,只是你不在意而已。

因此,生活中的每个人都和经济学有着不可分离的关系,每一个生活在这个社会的人,都是经济行为的一个主体,每一个人的日常经济行为构成了整个经济社会的经济形势。大部分人都只是能够根据一些固有的社会经验而进行经济行为,可以说是经济规律的载体,在不自觉当中遵循了这些经济规律,却没有办法反过来掌握和主导这些经济规律。只有少数人能够通过系统的学习或者自己的逐步总结,去认识和掌握生活中这些看不见、摸不着却实实在在存在的经济规律。通过经济学常识,他们能够看到经济规律运行的一些轨迹,再沿着正确的经济轨迹去进行自己的经济活动,自然就能够获得更大的经济效益了。

这一点在资产投资管理中是体现得淋漓尽致，尤其是在证券市场的投资上，人们会明白，为什么像杨百万这样的人能够获利丰厚，而有些人却会赔得精光。

总之，随着世界经济全球化步伐的加快，经济常识在日常生活和工作当中的重要性越来越突显出来了。掌握了一定的经济常识，我们就会发现，我们的生活轨迹将会朝着更加美好的方向迈进，我们就能较快地实现自己的目标。

掌握经济常识，拥有竞争实力

为什么我们不如别人

美国广播公司（ABC）在采访费拉·格雷后评价称，这个只有 20 多岁的小伙子，他的履历每天都在更新，资产每天都在增加。这个从 6 岁就靠卖"石头"赚钱帮补家用的男孩，在 14 岁的时候就已经成了美国最年轻的百万富翁、知名的"商界神童"，堪称商业奇迹。

翻开格雷的发家史，他是从 6 岁就开始的。因为他目睹了他妈妈艰苦工作换来的只是极少的一点薪酬，为了帮补家用，同时减轻妈妈沉重的负担，格雷开始"创业"，幼年的格雷曾告诉自己："我要改善家里的境况"。

可是，又有谁敢雇佣一个 6 岁男童呢？格雷无法和正常人一样去公司上班。于是怀着雄心的格雷选择最容易且最简便的方式开始创业，例如在随便找到的石块上画上颜色和图案用来做镇纸、压书具或者门脚夹，然后开始挨家挨户地推销这些产品。这一简单的举动，成了他迈向成功的第一步，为今后的从商打下了坚实的基础。

21 世纪是科学技术与经济飞速发展的时代,就连国家与国家之间的冲突都是以"贸易战"、"经济战"的形式来解决的。对于任何国家来说,科技与经济就是竞争力,而对于每个人来说,尤其是年轻人,掌握经济常识可提升自身的竞争力。

在我国,二十几岁的年轻人几乎都是大学刚刚毕业的职场新人,要不就是没上过大学而在社会上工作几年的社会青年。这个年纪的年轻人同那些已经三四十岁的"老人"相比,最大的优势就是"年轻"。因为年轻,他们具有未来发展的无限可能,也正是因为年轻,他们缺少学识基础和社会经验。

这些年轻人步入社会后,通常会有两种常见的生活态度。第一种是享受现在型,他们生活的重心自然就是享受现在,沉醉在自己的年轻无忧当中,在酒场和其他娱乐中浪费自己的宝贵青春。另一种是对别人的生活态度和社会的不道德感到愤怒,内心失去平衡,追求正义的分配、平等、清闲、福利等。

年轻人的这两种生活态度,都不值得提倡,是对自己和家人不负责任,长此以往,就会使自己竞争力变弱,最终会步入失败者的行列。

所以,培养自己的竞争力才是年轻人最应重视的。

如果你是他们中的一员,想要提升自己在群体中的竞争力,好办法之一就是努力用经济常识武装自己的头脑。

如果你拥有并且能灵活运用经济常识,就会为你认识财富、创造财富、管理财富带来意想不到的益处。那些能够在二十几岁就登上事业巅峰的年轻人,无一不是凭着对经济常识的敏感思考和积极学习再加上适当的运气、机遇才取得成功的。

经济常识就是竞争力,当代的年轻人如果认真去学习并且灵活运用经济常识,几年后、十几年后,就能创造出属于自己的人生价值,就能铸就自己的人生辉煌。

期货交易，做跨期的买卖

期货价格，指导创收

在 1994 年以前，湖南省的一个地区因农民种粮积极性下降，土地抛荒严重。到了 1994 年初，该市政府粮油总公司从上海粮油商品交易所掌握了当年 9 月、10 月粳米的预期价格（当时当地现货价格在 2000 元/吨，而上海粮油商品交易所预计 10 月粳米期货合约的价格在 2400 元/吨左右），就引导农民扩大种植面积 7.2 万亩，水稻增产 25 万吨，获得了很好的收益，而到当年的 10 月，现货价格上升到约 2350 元/吨。

湖南省某市粮油总公司利用上海粮油商品交易所粳米期货价格指导农民创收，这是充分利用了期货交易市场当中的"发现价格"功能。在现实生活中，许多人只是对"期货"两字耳熟，对于"究竟什么是期货交易"、"期货交易又是如何进行盈利的"等问题却知之不深。

期货交易是从现货交易中的远期合同交易发展而来的。在远期合同交易中，交易者集中到商品交易场所交流市场行情，寻找交易伙伴，通过拍卖或双方协商的方式来签订远期合同，等合同到期，交易双方以实物交割来了结义务。交易者在频繁的远期合同交易中发现：由于价格、利率或汇率波动，合同本身就具有价差或利益差，因此完全可以通过买卖合同来获利，而不必等到实物交割时再获利。为适应这种业务的发展，期货交易应运而生。

通过期货交易，不仅可以降低交易盈利的成本，而且可以跨期交易，相当于今天就可以做明天的生意。在期货交易中，除去进行交易时必须支付给交易所的交易手续费和经纪公司代理佣金外，交易者只需缴纳合约总金额的 5%～15% 作为保证金，便可以做 100% 金额的交易。保证金的"杠杆"

作用使得同一笔资金可以具有7～20倍的获利机会。然而在投资中,机会与风险始终是一对孪生兄弟,利润率越高,失败的可能性就越大。

在期货市场当中,按照期货产品的类型,可以划分为商品期货和金融期货两大类。商品期货就是实物商品的期货市场,其中又细分为工业品[又可细分为金属商品(贵金属与非贵金属商品)、能源商品]、农产品、其他商品等。金融期货主要是传统的金融商品(工具)如股指、利率、汇率等,各类期货交易包括期权交易等。

对于进行期货交易的投资者来说,一般划分为套期保值者和投机者两大类。套期保值就是对现货保值。看涨时买入(即进行多头),看跌时卖出(即空头),简单地说,就是在现货市场买进(或卖出)商品的同时,在期货市场卖出(或买入)相同数量的同种商品,进而无论现货供应市场价格怎么波动,最终都能取得在一个市场上亏损的同时在另一个市场盈利的结果,并且亏损额与盈利额大致相等,从而达到规避风险的目的。投机者则是以获取价差为最终目的,其收益直接来源于价差。投机者根据自己对期货价格走势的判断,做出买进或卖出的决定,如果这种判断与市场价格走势相同,则投机者平仓出局后可获取投机利润;如果其判断与价格走势相反,则投机者平仓出局后承担投机损失。

基于期货市场的特点,就衍生出了期货市场的两大功能:价格发现功能和回避风险功能。由于期货交易是公开进行的对远期交割商品的一种合约交易,在这个市场中集中了大量的市场供求信息,不同的人,从不同的地点,对各种信息的不同理解,而导致对期货的认知不同,用资源配置效率大小来衡量保留还是抛售,套期保值,规避风险。期货交易过程实际上就是综合反映供求双方对未来某个时间供求关系变化和价格走势的预期。这种价格信息具有连续性、公开性和预期性的特点,有利于增加市场透明度,提高资源配置效率,以达到利益最大化。这就是期货市场的价格发现功能,能够比较准确地预测出商品在未来时间的价格区间。

至于期货市场的另一种回避风险的功能则是在套期保值的交易方式下实现的。套期保值也就是在现货市场上买进或卖出一定数量现货商品的同时,在期货市场上卖出或买进与现货品种相同、数量相当、但方向相反的期货商品(期货合约),以一个市场的盈利来弥补另一个市场的亏损,达到规避价格风险的目的。

最后,我们谈到期货交易的交割,即期货的了结,通俗叫做平仓。期货的交割一般有两种方式,一是对冲平仓;二是实物交割。对冲平仓的期货交割就是指并没有发生实物的交割,按照是先买入还是先卖出分为两种,第一种,先买入开仓,后卖出平仓;第二种,先卖出开仓,后买入平仓。而另一方面,作为期货市场和现货市场的桥梁和纽带,实物交割就是指用实物交收的方式来履行期货交易的责任,期货交易的买卖双方在合约到期时,对各自持有的到期未平仓合约按交易所的规定履行实物交割,了结其期货交易的行为。

了解了期货交易,知道了期货交易的两大功能,在进行期货交易的时候还是需要谨慎考虑。毕竟机会和风险总是并存的,只有多学习经济学知识,多给自己充电,才能在变幻莫测的投资市场上保持自己清晰理智的判断,从而获得盈利。

次贷危机,引发金融海啸的罪源

危机席卷,在劫难逃

2008 年,雷曼兄弟的破产彻底拉开了世界金融危机的序幕。就在雷曼兄弟破产后的一个月内,世界银行体系如多米诺骨牌一样一溃千里,股市几乎崩盘,而这场给世界带来金融风暴的元凶则正是次贷危机。

次贷危机造成了全球市场的流通性不足,最终导致美国和欧洲的银行被部分国有化,独立投资银行在美国消失。全球股市在一年内损失了约 27 万亿美元,也就是缩水了 40%。10 月 10 日,道琼斯工业指数盘中低至 7773.71 点,相比一年前的峰值刚好"腰斩"。英格兰银行估计,债券和信用证券的市值亏损将达 2.8 万亿美元左右,比国际货币基金组织(IMF)估算的 1.4 万亿美元还要高出 1 倍,相当于全球银行 3.4 万亿美元核心资本的 85%。

2008 年的金融危机被誉为人类有史以来最严重的一次经济危机,这场危机的突如其来让许多经济学家们都始料未及。而在导致全球范围内的资本、金融、信贷市场的严重损失后,这次金融危机的罪魁祸首——次贷危机也现出了其庐山真面目。

许多人都知道这场金融危机是从美国开始蔓延的,是由次贷危机引起的。但是,对于危机爆发的整个传导机制和根本原因却大都不甚明了。这里,就让我们来认识一下这场金融危机的罪魁祸首——次贷危机。

对于经常观看新闻和浏览报刊的读者来说,"次贷危机"四个字必定不陌生。下面,我们来认识一下"次贷危机"四个字的真正涵义。次贷危机全称次级房贷危机,是指发生在美国,因为次级抵押贷款机构破产而导致的投资基金被迫关闭,股市剧烈震荡的危机。

在美国,人们评价一个人,不是看这个人有多么能干,能挣到多高的工资,而是看这个人能够从银行里贷款多少。美国人的生活方式是用明天的钱来享受今天,因此银行家们提出了一个经济上的名词,就是按揭贷款。按揭贷款有三个层次:第一个层次是优质贷款市场,这个市场面对信用分数在 660 分以上的优质客户,主要提供传统的 15～30 年固定利率按揭贷款;第三个层次就是次级贷款市场,它针对的是信用分数低于 620 分,没有收入证明与负债较重的人,主要是提供 3～7 年的短期贷款;至于第二层次就是"另类 A 级"抵押贷款市场,主要是提供介乎前两者之间的贷款。

这次次贷危机的产生,就是由于第三个层次的次级贷款市场出现问题。次级贷款市场面向收入证明缺失、负债较重的人,也就是收入不稳定且偿还能力不太明朗的人。这些贷款人在没有资金的情况下购房,不需要提供资金证明,只要按规定的归还方式和期限分期付款给银行,银行按照一定的利率收取利息,赚取利润。表面上来看,贷款银行似乎在做着成人之美的善事,让那些低收入家庭能够有房可住,但在现实中,银行却不是在做善事,而是将这些钱给了普通的美国房产投资人,这些人看到在房地产行业有利可图,便想到通过把自己的房子卖出去然后进行投资。而事实上,银行进行这项工作的根本目的是为了盈利,这些银行推出的是无本金贷款、三年、五年、七年可调整利率贷款、选择性可调整利率贷款等多种贷款方式。

而美国的购房者在购房后头几年以固定利率偿还贷款,其后以浮动利率偿还贷款。而这些还款的方式都有一个共同特点,那就是在还款的开始几年,每个月的按揭支付的金额很低而且非常固定,但是等到长时间还款后,就使得还款人的还款压力突然增加。这样做的危险性系数很高。但是因为银行对资产价格升值的利润空间很大,所以,就冒着极大的风险为那些低收入者提供长期贷款。而这主要是由于美国的不干预市场采取自由主义政策导致的。

银行将贷款贷给低收入家庭之后,其本身无法以雄厚的资产维持其正常的运转,同时它本身为了转移由资金缺失带来的风险,不得不尽快回笼社会上的闲散资金,通过以住房抵押的方式为基础,对次级贷款进行了证券化。通过将这些贷款发行成债券向社会出售,以获取银行日常必要的资金,即次级债(MBS)。而发行此类的债券也是因为此类次贷债券的利率高于普通的债券。由于相比之下此类债券的利率高,于是吸引了很多国际投资机构,包括投资银行、对冲基金等都纷纷买入了次级贷款债券以期获取更高的利润。

投资银行更是将次级债再次证券化,设计出一种新的债券,叫做次级抵押证券(CDO),通过这种方式再次卖给全球的保险公司和对冲基金。保险公司和对冲基金再次转卖这些次级抵押证券,到了最后,风险已经蔓延到了全球的金融机构和那些资产比较雄厚的商家手中。但是,从来就没有只升不降的资产价格,当经济进入滞胀时期,通胀就会大规模泛滥,资产价格的下跌也就无法避免了。

有数据表明,从 2006 年开始,美国楼市开始一度下滑,房价开始不断下跌,次级贷这个多米诺骨牌也随之倒塌,无数家庭无法偿还原先预期的贷款,大量的违约房产被银行全部收回进行招标拍卖,导致了贷款银行的巨额亏损,投资银行也无法幸免,例如花旗、美林、瑞银、摩根士丹利等著名投资银行也爆出巨亏。

国际贸易,各国的经济大战

为打经济大战,各自结盟

自从第二次世界大战以后,世界经济就已经从 20 世纪二三十年代的经济大萧条开始走向经济复苏。在美苏争霸以苏联的解体而告终后,世界各国的竞争就已经从军备大战转向了经济大战。由此,世界经济区域集团化的趋势开始进一步加强。

1993 年 11 月 1 日,欧洲联盟正式启动。1994 年 1 月 1 日,美国、加拿大、墨西哥参加的北美自由贸易协定正式生效。1994 年 11 月,亚太经济合作组织在印尼茂物召开的亚太经合组织第 6 届部长级会议和第二次领导人非正式会议,发表了《茂物宣言》,规定了亚太地区贸易和投资自由化的原则和长远目标,发达国家在 2010 年以前、发展中国家在 2020 年以前实现这一目标。

其他类似的还有东盟、南盟等区域经济合作组织的成立,都标志着全球范围内的经济结盟正如火如荼地展开。而参与这些经济结盟的国家的动机无一不是为了在未来的经济主导型世界格局中站稳自己的脚跟,为打好这场全世界各国都参与的经济大战做准备。

区别于传统战争的形式,世界各国在经济大战中没有使用枪炮、导弹或者更高科技的实体武器,他们使用的武器就只有一种,那就是"国际贸易"。

国际贸易也叫世界贸易,是指不同国家(和/或地区)之间的商品和劳务的交换活动,由进口贸易和出口贸易两部分组成,故有时也称为进出口贸易。

所谓的经济大战,其实就是利用国际贸易手段打击和控制其他国家的进出口,从而达到打击和控制其国家经济的目的。但是,当下的国际贸易格局和形式却是瞬息万变的,各国想要在国际贸易当中独领风骚还是十分困难的。下面让我们来具体认识一下国际贸易的格局和其形式的变化。

自 20 个世纪 90 年代以来,国际贸易处于一个新的增长期,其发展速度达到 5% 左右,不仅超过了世界经济的增长速度,而且还明显高于 80 年代(4%)的发展水平。国际商品市场对机电产品、运输设备、计算机、有色金属、石油、石化产品等的需求大幅度增长,价格上扬,其中制成品贸易将进一步扩大。国际贸易的扩大化,也带动了许多国际经济组织的成立,其中,世界贸易组织更是成了引导全球贸易的重要机构。

世界贸易组织于 1995 年 1 月 1 日正式成立并开始运转,它是独立于联合国的负责管理监督全球贸易秩序、协调贸易关系、制定贸易政策的一个永久性国际经济组织,为全球贸易提供最基本的规则,负责实施多边贸易协议,定期审议各成员国的贸易政策,统一处理贸易争端,加强与其他国际机构的合作。它不仅强化了关贸总协定原有的规则,管理协调的范围更加广泛,还建立了更透明的贸易争端调解机制。可以说世界贸易组织的成立意味着世界贸易新格局的形成、全球贸易自由化的大发展、国际经济合作新时代的开始。

此外,随着国际服务贸易的发展,世界经济区域集团化的趋势进一步加强,科学技术进步加速以及跨国公司的蓬勃发展,国际贸易市场进一步繁荣,同时也加深了国际贸易局势的复杂性与多变性。

有时我们通过新闻、报纸,或是网络了解到中国打败出口大国日本,已变成世界上最大的出口国。也许大部分人认为我国在出口领域占有很强的优势,是世界上最强大的,但是如果仔细观察,我们不难发现,在国际贸易领域中,几乎没听过谁输谁赢恰恰相反,国际贸易可以使两个国家或多个国家的经济状况都变得很好,各国都能得到自己想要的商品和劳务利益。所以我们在思考国际竞争的时候,应该看清事物的真实现象,国家之间的贸易都是从相互交易中获利,但是前提必须是从事自己擅长的领域,也就是对商品和劳务有优势的一面,这样才能创造出属于每个国家自己的利益。

当前,我国不断地加强对国际贸易发展趋势的研究,主要是由于我国在制定和完善出口发展战略时,必须依赖于国际贸易的发展趋势,通过准确、详细的深入了解,才能更好地掌控我国在出口方面的优势,将劳动密集性产业转向资源技术性产业,从而在国际贸易中占有重要的地位。

经济一体化,全球共同合作发展

全球合作,共同制造

波音公司是全球航空航天业的领袖公司,也是世界上最大的民用和军用飞机制造商。但是随着全球经济一体化进程的加快,波音公司的飞机制造业也开始走出美国总部,由分布在全球的多个国家通力合作,共同制造。

20世纪60年代,波音公司制造的波音727飞机从设计、开发、制造均依靠其自主投资,独立完成,按价值计算,进口零部件只占2%。但是到了20世纪70年代,波音公司为了顺利出口飞机,飞机制造企业开始将一些零部件生产转移到国外,进口零部件比重逐步提高。后来,波音飞机外购从747机型的简单结构部件发展到777机型的复杂中心机翼。到了波音787梦想飞机时,它的零部件和子系统则开始依靠全球采购,主要部件供应企业包括澳大利亚、加拿大、中国、意大利和日本。按价值计算,波音787飞机90%的设计和子系统依靠外购,进口比重提高到70%。

公元1405年,郑和下西洋,率领规模巨大的船队七次出海远航,最远到达非洲东海岸,同南洋、印度洋的30多个国家和地区进行的友好和平交流。到了公元15~17世纪,欧洲航海者诸如哥伦布、麦哲伦等发现新航路,使得地球各个大洲终于完整地呈现在世人面前。而在今天,随着空运航运的发展、互联网科技的延伸,地球已经显得越来越小,而对于商业来说,诸多跨国公司也已经把生意越做越大,成为世界性的企业。

地球越来越像一个"地球村",这源于发达的科学技术。而生意越做越大,却是以发达的航运、空运和互联网技术为基础,在世界经济一体化的经济体制下才能够实现的。

经济一体化的演变其实是为了适应各个国家之间贸易往来的需要。简单地说,经济一体化是指两个或两个以上的国家在现有生产力发展水平和国际分工的基础上,由政府间通过协商缔结条约,建立多国的经济联盟。在这个多国经济联盟的区域内,商品、资本和劳务能够自由流动,不存在任何贸易壁垒,并拥有一个统一的机构,来监督条约的执行和实施共同的政策及措施。

从小的方面来说,还可以是一个国家的几个不同经济发展水平的地区之间的经济一体化。就我国而言,为了适应经济一体化的世界经济大趋势,对内要实现内部各地区,主要是东西部经济的一体化等。对外主要是针对东亚地区,建立以中日为主的东亚经济一体化。

而在世界范围内,全球经济一体化的到来标志着各国之间在经济上越来越多地相互依存。商品、服务、资本和技术越过边界的流量越来越大。尤其是对于一些跨国公司来说,在生产、加工和销售各个环节都已经不是局限在一两个国家和地区了。能够综合利用世界各国的优势资源,通过世界范围内优势资源的有效配置,达到大幅度降低产品生产成本的目的,正是全球经济一体化给这些公司所带来的核心利益。

全球一体化不局限于地域经济和国际贸易,它将世界有机地结合成一个整体,使各国之间的经济连成一条线,在商品、服务、资本的输入与输出和技术的交换等方面,更多地相互依赖和发展,以综合利用世界优势资源,创造出更多的利益,从而推动整个人类社会不断向前发展,形成一个紧密联系的"地球村"。

面对当前的贸易全球化,各国的商品、劳务、技术、资金在全球范围内流动和配置,使得各国的经济日益相互依赖、相互联系,打破了以往地域的限制和国界的限制,国际贸易加强了各国在生产上的合作、市场上的资源优化配置、资金上的不断流动、科技开发与运用和信息传播的国际化,因此国际贸易是生产力与生产关系的必然产物。

各国通过建立跨国公司,为国际贸易提供强有力的载体,其经营方式大大促进了资金、技术、人力、商品在全球范围内的流动,推动了世界经济的发展。

贸易的全球化同时也使得各国之间的交往变得日益频繁,通过世界经济的有效结合,使得各国不仅在经济上加强了联系,同时在政治、文化、科技等领域也在不断合作,进行有利于本国发展的一系列活动。

个人所得税，关注切身的经济义务

你必须交的个人所得税

全国人大通过了关于修改个人所得税法的决定，工资、薪金所得以每月收入额减除费用3500元后的余额为应纳税所得额，工资、薪金所得，适用超额累进税率，税率为3%~45%。

一个国家想要正常的运转、管理并为人民创造更多的福利，就必须要有稳定持续的资金来源，而税收作为国家收入的主要来源之一，是国家为实现其职能，凭借其政治权利，依法无偿取得财政收入的基本形式，它在国家实行收入再分配、缩小贫富差距上有着举足轻重的地位。对于普通大众来说，向国家缴纳的税收中主要是个人所得税，但是对于个人所得税是如何征收的，它的征收规则和条例是什么，许多人却不是那么清楚，这里我们就来谈一谈关于个人所得税的各项细则。

首先，个人所得税的纳税人指的是凡在中国境内有住所或者无住所而在中国境内居住满一年的个人。凡是从中国境内和境外取得所得的，以及在中国境内无住所又不居住或者无住所而在境内居住不满一年的个人，从中国境内取得所得的，均为个人所得税的纳税人。

而这个个人所得主要是指几个方面的个人收入：工资、薪金所得；个体工商户的生产、经营所得；劳务报酬所得；稿酬所得；特许权使用费所得；利息、股息、红利所得；财产租赁所得；财产转让所得；偶然所得；其他所得等。

在具体的个税金额方面，我国一般所采取的办法是累进税。累进税是指按照个税对象数额的大小，规定不同等级的税率。个税对象数额越大，税率越高；个税对象数额越小，税率越低。通俗地讲，就是谁收入越高，谁交的税就越多。而在累进税当中又分为全额累进税率和超额累进税率两种形式。

全额累进税率简称全累税率,即征税对象的全部数量都按其相应等级的累进税率计算征税额。采用全额累进税率进行征税,方法简单,易于计算。但在两个级距的临界部位会出现税负增加不合理的情况。例如,某甲月收入1000元,适用税率5%;某乙月收入1001元;适用税率10%。甲应纳税额为50元,乙应纳税额为100.1元。虽然,乙取得的收入只比甲多1元,而要比甲多纳税50元,税负极不合理。这个问题,要用超额累进税率来解决。

超额累进税率简称超累税率,是把征税对象的数额划分为若干等级;对每个等级部分的数额分别规定相应税率,分别计算税额,各级税额之和为应纳税额。超累税率的"超"字,是指征税对象数额超过某一等级时,仅就超过部分,按高一级税率计算征税。像上面那个例子当中,如果用超额累进税率来计算的话,乙收入当中的1000元和甲缴纳的税是一样的,都是50元,多缴纳的也就只是多出的0.1元收入的10%也就是0.01元。这样就充分保证了缴纳个人所得税的公平与合理。

同时,为了照顾低收入群体,我国个人所得税的缴纳还设立了最低起征点,只要收入低于这个金额的公民都不需要缴纳个人所得税。我国个人所得税的起征点原来是1600元,从2008年3月份起是2000元,现在又调整为3500元,从2011年9月1日开始施行。

总之,在我国的个人所得税纳税制度下,收入越多,缴税越多;收入越少,缴税越少。

第 **9** 章

社会经济学：与生活息息相关的经济

　　有句话是这样说的：任何找寻生计的人都是经济学家。这句话说得非常深刻。从某种意义上说，用经济的理念换来经济效益的人都属于经济学家。

　　我们的生活里处处存在着经济学常识，也就是说，我们的生活处处都存在创造财富的机会。

安全带保证安全的另一面

安全带不安全

自从人类发明汽车以来,伴随而来的"车祸"一直是困扰社会安全的一个难解之题。随着汽车的速度越来越快,车子越来越大,"车祸"已经成为一些发达国家的"头号杀手"。在 20 世纪 60 年代后期,美国学者拉尔夫·纳尔德的《任何速度都不安全》一书,引起了社会对汽车安全的普遍关注,其目的是为了降低"车祸"所带来的人身伤害和财产伤害。因此美国国会对此做出积极的反应,通过立法的手段,要求汽车公司生产的汽车安装包括安全带在内的各种安全设备。

但是,美国经济学家萨姆·佩兹曼在 1975 年发表了一篇文章,用统计数字的调查方法说明实施这项法律之后,其结果是,有安全带的人死亡略有减少,而其他人的死亡率大大提高。而这项法律实施后的结论是,安全带增加了车祸和净死亡人数。于是另一位经济学家斯蒂芬·兰德伯格写了一篇文章,副标题就是"安全带如何杀人"。

这个问题的症结就在于安全带为什么变得不再安全,而这才是发人深省的关键所在。

车上的安全带是大家司空见惯的,它的作用就是为了在发生车祸或者紧急刹车时减少对乘客的伤害。追溯安全带的历史,早在 100 多年前,欧美国家的马车座位上就已经有了安全带,目的是为了防止乘客从马车上颠簸下来受到伤害。到了 1922 年,安全带开始运用到跑车上,美国福特公司生产的普通汽车于 1955 年安装上了安全带。又经过十几年的发展,美国于 1968 年出台了相关法律,规定轿车前排乘坐人员都必须使用安全带。

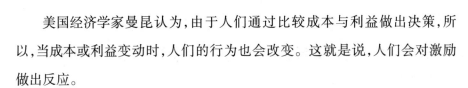

美国经济学家曼昆认为，由于人们通过比较成本与利益做出决策，所以，当成本或利益变动时，人们的行为也会改变。这就是说，人们会对激励做出反应。

后来，经济学家佩兹曼发表文章，指出通过激励改变了人们面临的成本或利益，从而会改变人们的行为。

安全带的作用很明显，就是当车祸发生时，安全带让汽车里的人能够更安全，从而大大降低伤亡的概率。但是谁又能够想到，政府出台有关安全带的法律，其结果却带来了更多的车祸。为什么保护人们的安全带在另一方面就成为"杀手"了呢？这就要谈到安全带所带来的"激励反应"。

"激励反应"就是人们面对激励所做出的反应和回复。从经济学的角度讲，安全带法律就是政府采取的一种激励制度，减少车祸人员伤亡数量是一种激励反应，但是同时，安全带隐藏的影响也是一种激励反应。那么安全带隐藏的"激励反应"是什么呢？

从一般人的角度来看，驾驶员因为有安全带的保护而变得更加安全，安全带降低了驾驶人员伤亡的概率，即驾驶员付出的车祸代价明显降低。但同时，这种安全设施的增加会改变驾驶员的心态，因为驾驶员们有了安全保障设备，难免会在开车时变得不那么小心，甚至无所顾忌、随心所欲。这样一来，就会造成更多的车祸。

所以根据佩兹曼的所提供的证据，证明这些法律的出台虽然减少了每次车祸的死亡人数，但却增加了车祸的次数，其结果是司机死亡人数变动很小，而行人死亡人数却增加了。

因此，从这个意义上说，安全带的出现反而增加了车祸的次数，安全开车程度的下降对行人会造成更多的伤害，而导致驾驶员安全警惕心理放松的正是安全带的出现和安全带法律的实施。安全心理的放松必然会导致车祸次数的增加，形成潜在的恶性循环。由此可见，安全带的法律措施实际上增加了车祸的次数和行人的不安全因素。这就是安全带所带来的隐藏的"激励反应"。

美国经济学家曼昆同时认为,当减少生命风险与费力耗神的成本相比时,安全是第一位的,理性的人必然愿意付出成本去换取减少生命风险的收益。换言之,没有安全带时,谨慎开车是一种理性选择。

哲学认为事物都是有两面性的,我们要一分为二地去看待。我们不仅要看待机动车司机的行为,更要关注非机动车驾驶人及行人的行为,任何法律规定都不能偏袒任何一方,加重对司机的处罚可以使司机开车更加谨慎一些,但是会导致其他行人行路时的不谨慎和其他非机动车行驶的散漫性,所以交通事故发生的概率以及交通事故的损害大小更是取决于这两个方面,这样才能构成对事物的正确认识。但是,不可否认的是,安全带的确有作用,所以现在的汽车仍有安全带。而为了在一定程度上抵消安全带所带来的的副作用,就必须严格交通安全制度,加大对违章驾车行为的惩罚。

正如安全带的例子所说明的那样,政府制定政策有时也会有一些负面影响,所以我们在分析任何一种政策时,不仅应该考虑其所带来的对整个国家的社会、经济、政治等各方面的直接影响,而且还必须考虑到人们通过激励所受到的间接影响。如果政府出台的政策改变了人们心中想要的激励,那么这种激励会使人们改变自己的行为,从而找到适合自己的行为。

所以,政府在制定法律法规的时候,要认真考虑此项决定能带给人们怎样的利益,并且能够将激励机制放入考量的范围。

从曾子杀猪来理解溢出效应

曾子杀猪的故事

曾子是孔子的学生,名叫曾参,很有学问。

有一天,曾子的妻子要去集市上买东西,儿子吵闹着要跟着娘亲去,可是曾子的妻子嫌孩子麻烦,为了哄孩子,就对孩子说:"你乖乖待在家里,等娘亲从集市上回来了,就杀猪炖猪肉给你吃。"儿子听到娘亲的承诺,信以为真,于是就老老实实在家里等着。站在一旁的曾子,听着母子俩的对话,默不做声。

等到妻子从集市上回来以后,曾子就开始磨刀准备杀猪,妻子很奇怪地问曾子:"你磨刀干什么?"曾子说:"杀猪给孩子炖肉吃。"妻子说:"我只是哄哄孩子,你倒认真起来。"曾子说:"不能和孩子随便开玩笑。孩子小,没有分辨是非的能力,父母的一言一行他都在模仿着。如果你现在对孩子撒谎了,孩子将来肯定就要对我们说谎。"

曾子的妻子听了,无言以对。于是,曾子把猪杀了,妻子就炖肉给孩子吃。

对于曾子杀猪的故事,从道德上来看,说的是曾子在教育下一代时为孩子树立了良好的榜样。但是,如果仔细考量,为什么父母的行为会对子女的成长产生影响呢? 这其实就是经济学当中常说的外部性。

经济学的外部性,又称溢出效应、外部影响、外差效应,是指一个人或一群人的行动和决策对另一个人或一群人强加了成本或赋予利益的情况。经济的外部性有两种,即外部经济和外部不经济。外部经济是指某人或某企业的经济活动会给社会上的其他成员带来好处,但该人或者该企业却不能从中得到补偿和利益。而外部不经济则是指某人或者某企业的经济活动给社会上的其他人带来损害,但该人或该企业却不必为这种损害进行赔偿。

在曾子杀猪的故事当中,如果曾子和其妻子没有遵守诺言杀猪给孩子吃的话,对孩子以后的诚信行为会产生不好的影响,就是外部不经济。而如故事中所发生的,为了让孩子将来养成讲究诚信的行为规范,曾子和其妻子当真将猪宰杀给孩子吃了,这就是外部经济。

不过在现实的经济生活当中,不论是外部经济还是外部不经济,都是歪曲了市场主体成本和收益的关系,如果长此以往,就有可能导致市场的无效率甚至失灵。像化工厂乱排污水影响到沿岸居民的外部不经济现象,一方面工厂是不道德的,另一方面沿岸的居民和大自然承担了本应该由化工厂承担的那部分污水处理成本。相对于其他需要自己花费成本进行污水处理的化工厂来说,它在生产成本方面就更具竞争性,所以说这样的外部不经济扰乱了市场秩序。外部经济则反之,是厂商花费了一定的成本为他人带来了好处和收益,使得厂商的产品承担了一些不需要支付的成本,降低了其在市场上的竞争力。这同样对发展经济是不利的。

可以说经济的外部性问题与我们每一个人都密切相关,也与我国的可持续发展密切相关。关注经济的外部性,维护市场的公平与效率,是政府的重要职责。经济的外部性问题得不到解决,科学发展观就不可能得到落实。

在很多情况下,政府制定多数政策的目标不是把整体经济做大,而是如何将整体经济切割成市场需要的形状,市场这只看不见的手通常是进行资源优化配置最好的方式,但并不是完美的方式。若市场失灵经济将不知该如何运行下去。市场失灵的一个原因是市场本身不能有效配置资源,例如外部成本的典型例子是污染,这就需要政府通过制定公共政策以保障环境不被污染。市场失灵的另一个可能原因是市场势力,因为看不见的手并不能保证每个人都有洁净的食品、体面的衣服、充分的医疗和良好的工作待遇。这就需要政府制定政策,改善市场结果,促进效率和公平。许多公共政策,例如个人所得税和福利制度的目标就是要实现更平等的经济福利分配,以达到人们所要求的公正公平。

环境问题造成的经济损失

各种污染，频出问题

2004 年 2 ~ 4 月，四川川化股份有限公司将工业废水排入沱江干流水域，造成特大水污染事故，给成都、资阳等 5 市的工农业生产和人民生活造成了严重的影响和经济损失。经农业部长江中上游渔业生态环境监测中心评估，仅天然渔业资源损失就达 1569 万余元。

除此之外，近些年来，仅中国内地就发生了多起环境污染事件。2005 年松花江水体污染，2006 年吉林牤牛河污染，甘肃徽县铅污染、湖南岳阳砷污染，还有四川沱江特大水污染等，都暴露了环境污染所造成的重大安全问题。

近几年来，环境污染事件在我国媒体的曝光频率极高。同时，爱护环境、积极投身环保也成为了在我国公民当中被积极倡导的公益活动。而人与自然的和谐关系也成为我国政府在高速发展经济的同时要努力达到的重要目标。

环境污染的危害极大，影响到我们的子子孙孙的生存。但是为什么还会有工厂进行污染环境的生产活动呢？这就要从经济学角度对其进行分析，可以说环境问题实质上是一个经济问题。

化工厂等污染源作为经济学上的生产厂商是以利润最大化为根本行为原则的经济人，所以在生产产品时，可以说他们是想方设法地将生产成本最小化。而在厂商生产过程当中，环境作为不具有排他性和消费竞争性的公共品，就成为厂商降低生产成本的最好对象。所谓的公共品，简单地说就是经济学上对于像环境这样，可以很容易被许多人共有，并且在享有时不需要付出什么代价的物品。

厂商在生产过程中产生了污染物,如果靠厂商自己通过设备、措施去净化这些污染物的话,就必定会增加生产的成本,这个时候,许多厂商就选择直接或者稍加处理之后就将污染物排入自然环境当中。厂商的这一做法又涉及了我们曾说过的经济外部性的问题,这样的做法固然为厂商降低了生产成本,却是以全人类的环境被污染作为代价,侵犯了我们全人类以及子子孙孙的共同利益。

同时,在经济学上,厂商的这种做法也打破了市场机制的严格条件。市场机制想要有效率地配置资源,就要有一系列严格的条件。只有当这些条件都成立的情况下,亚当·斯密所描绘的神奇的"看不见的手"才能有效发挥作用。如果不具备或不完全具备这些条件时,就会出现市场失灵。而厂商的环境污染问题也正是破坏了市场规则,造成了一定程度上的市场机制调节失灵,使得公共资源的配置缺乏效率,从长远的角度来看是损害了社会的公共利益。

边际效应:重复会令人麻木生厌

东西越多真的越满足么

小丽是一个特别喜欢芭比娃娃的小女孩,每次过生日她都会向妈妈要一个芭比娃娃,久而久之,所有的亲戚朋友都知道她喜欢芭比娃娃了。今年小丽过 4 岁生日的时候,她妈妈就给她买了一套芭比公主,她爷爷奶奶也给她买了一套。看着自己喜欢的礼物,她欢喜得不得了,感觉自己一下子拥有了整个世界。

可后来,其他的亲戚也都给她买了芭比娃娃,一下子拥有了这么多的娃娃,小丽便没有以前喜欢了,她突然觉得自己开始讨厌这样的礼物了。

其实每个人在生活当中,都会有非常想要得到的东西,就想上面案例中的小丽一样。每当得到这些东西的时候,都会获得满足感。但是,如果一直持续不断得到相同的东西时便会发现,当第二次、第三次甚至第 N 次得到同样的东西时所获得的满足感远远没有第一次得到的时候多,而且得到的次数越多,满足感便变得越弱了。举个简单的例子,就像是给非常饥饿的人吃面包,在吃第一个的时候他感觉非常幸福,接着给他吃第二个、第三个⋯⋯直到吃完第五个的时候他已经撑得不行了。如果还继续让他吃,相信他就会一点幸福的感觉都没有了,甚至会心生厌恶。

由此可见,东西并不都是越多越让人满足的。那么从经济学上来看,这又是什么缘故呢?

在分析经济学时,经常引用"边际效应"这个词。边际效应有时也被称为边际贡献,从消费者消费的角度上来说,指的就是在其他条件没有改变的情况下,消费者在逐次增加一个单位消费品的时候,虽然带来的总效用仍然是增加的,但是带来的单位效用却是逐渐递减的。而对于生产者来说,是在其他投入固定不变时,连续地增加某一种投入,所新增的产出或收益反而会逐渐减少。

这种"边际效应"在生活当中也是时常发生的。就如上面的例子当中说的,我们向往某事物时,情绪投入越多,第一次接触到此事物时情感体验也越为强烈,但是,第二次接触时,会淡一些,第三次,会更淡⋯⋯以此发展,我们接触该事物的次数越多,我们的情感体验也越为淡漠,一步步趋向乏味。

那么,关于这种"边际效应"递减的规律,应该如何应用到实际的生产生活当中呢?例如,作为公司管理层,要给员工涨工资,第一次涨薪,员工非常激动,大大增加了工作热情;第二次涨薪,很激动,增加了一些工作热情;第三次涨薪有点激动,可能增加工作热情;第四次⋯⋯直至涨薪已经带来不了任何效果。所以,为了避免这种因为边际效应递减所带来的削弱效果,公司就可以在涨了一两次工资后,把想要涨工资的资金用来增加员工的其他福利,比如以外出旅游或者其他物质奖励的形式来体现,这样,相对于连续涨工资来说,对有些员工的激励效果可能更佳。

再如在企业生产产品当中,消费者连续消费一种产品的边际效用也是递减的。如果企业连续只生产一种产品,它带给消费者的边际效用就在递减,消费者愿意支付的价格就低了。这个时候,企业如果想要让消费者继续购买更多该企业的产品,就要不断创造出多样化的产品,即使是同类产品,只要不相同,就不会引起边际效用递减。这也正是为什么我们在市场上经常看到一些产品的多样化,甚至同一个厂家生产的同一款产品也有许多不同型号的原因。

我们在了解了边际效应之后,将其运用到生活和工作当中去,相信对大家有所帮助。

城镇居民医疗保险:看病不为钱发愁

让看病这个老大难问题得到解决

老张是北京人,在没有参加城镇居民医疗保险之前,尤其是前几年,他从不敢去医院就诊,总是抱着"小病拖拖就好,大病来了再说"的心态。他说:"医院就诊的费用高得实在是吓人,对于我们这种老百姓而言,不是不想看,而实在是看不起啊!普通性的感冒进去之后没个千八百元你就别想出来。但是现在好了,政府出台了新政策,我们都参加了城镇居民医疗保险,这下解决了我们看病难、看病贵的问题,这都是因为党的政策好啊!"

对于看病这个问题,大家都很关注,这是关乎我们的身体健康和生命安全的重要问题。可是面对着医院开出的高昂费用，人们却有些不知所措，甚至是承担不起，尤其是那些生活在底层的老百姓，他们无法交出那么高的医疗费用，于是不得不面对"看病难，看病贵"的局面。所以群众普遍希望看病的费用能够便宜些，并且看病的时候能够方便一些。

国家为了解决医疗看病问题，建立了几套医疗保障体系，"城镇居民医疗保险制度"的建立，可以让人们在看病时，减少许多不必要的个人开支。

城镇居民医疗保险是以没有参加城镇职工医疗保险的城镇未成年人和没有工作的居民为主要参保对象的医疗保险制度。具体来说，凡是不属于城镇职工基本医疗保险制度覆盖范围的中小学学生（包括职业高中、中专、技校学生）、少年儿童和其他非从业城镇居民都可自愿参加城镇居民基本医疗保险。

城镇居民医疗保险制度所涵盖的医疗保险范围很广。医疗费用一般依照其医疗服务的特性来区分，主要包含医生的门诊费用、药费、住院费用、护理费用、医院杂费、手术费用、各种检查费用等。具体来说，医疗费用是病人为治病而发生的各种费用，它不仅包括医生的医疗费和手术费，还包括住院、护理、医院设备等的费用。如上的这些医疗费用都包涵在医疗保险的范围之中，至于具体的报销金额标准要参照各省市的具体规定。

那么符合城镇居民医疗保险制度参保范围的居民应该如何缴费和参加保险呢？根据中央财政的规定，城镇居民基本医疗保险以家庭缴费为主，政府给予适当补助。参保居民按规定缴纳基本医疗保险费，享受相应的医疗保险待遇，有条件的用人单位可以对职工家属参保缴费给予补助。国家对个人缴费和单位补助资金制定税收鼓励政策。

对试点城市的参保居民，政府每年按不低于人均40元给予补助，其中，中央财政从2007年起每年通过专项转移支付，对中西部地区按人均20元给予补助。在此基础上，对属于低保对象的或重度残疾的学生和儿童参保所需的家庭缴费部分,政府原则上每年再按不低于人均 10 元给予补助,其中,中央财政对中西部地区按人均 5 元给予补助;对其他低保对象、丧失劳动能力的重度残疾人、低收入家庭 60 周岁以上的老年人等困难居民参保所需家庭缴费部分,政府每年再按不低于人均 60 元给予补助,其中,中央财政对中西部地区按人均 30 元给予补助。

为了解决老百姓看病贵和看病难的问题,国家已经开始完善医疗保障体系,城镇居民医疗保险只是其中的一步。

第 **10** 章

消费经济学:不可忽视的花钱学问

\\

同样是消费,消费观念却千差万别的。

有时,不知不觉我们就会多花一些钱,而得到的利益却并未增加,所以,我们一定要学会如何花钱。

\\

不要小看小店里的讨价还价

砍价是一种本事

小张平时很忙,为了节约时间,买衣服都去专卖店买,他觉得专卖店的东西质量好而且还是名牌,穿出去比较有面子。有一天,小张陪着他的女朋友去买衣服,他的女朋友带着他逛了一趟服装市场,看到一件比较中意的衣服,但要价非常高,小张又十分喜欢,小张的女朋友上前去和商家砍价,结果以原来价格的一半买下来了。

熙熙攘攘的服装批发市场以及夏日傍晚的路边服装摊等,在我们身边比比皆是。有的衣服的价格很高,而且大多都是些仿制品,质量也不可靠,生产衣服的成本明显低于质地好的衣服,因此,面对这种情况,就出现了很多人和商家进行讨价还价的情形。

我们先来对比一下,一般在超市、大商场买衣服就不需要和商家讨价还价,因为那里的商品是按标示的价格进行交易的,而像服装批发市场以及路边服装摊等就必须要进行杀价了,这是由于衣服成本信息的不真实。大商场的里的衣服大部分都是出自名牌,一般比地摊上、服装市场更值得依赖。因此,其优势明显高于仿制品。再者,大商场里的东西具有规模效应,具有雄厚的资金为其铺垫,售后服务也相对较好,所以,更多的人愿意到大商场里购物。从这个意义上讲,消费者已经承认了大商场中的商品信息,因此一般不会出现什么讨价还价的场景。

相比之下,在服装批发市场和街边摊之类的地方,顾客不能确定这些衣服的质量和进货价,很多信息存在着很大的不确定性,故在这些地方购物时需要讨价还价。买卖双方以讨价还价这种方式博弈,一方想要以低价购买,而另一方想要获取更多的利润。

这里不得不提到两个经济学术语——消费者剩余、价格歧视。消费者剩余指的是消费者取得一种商品所愿意支付的价格与他取得该商品所支付的实际价格之间的差额。而价格歧视是指一家厂商在同一时间对同一产品或服务索取不同的价格。买卖双方互换信息以判别对方的价格底线，卖家试图对不同的买家实施价格歧视，目的在于最大程度地获取买家的消费者剩余。而这一行为产生的一大原因，便是供求双方的信息不对称。

那么，作为消费者，怎样才能够以低廉的价格买到自己想要的衣服呢？

当你置身于买者的身份时，一定要记住先尽量压低价格，你可以把想要购买衣服的价格压倒对方不能承受的地步，这样做的目的不一定是为了获得你想要的东西，而是更多地获取卖方出价的途径之一，通过观察，继而得出商品实际价格的信息，以便能够以低价获取你想要的商品。

逆向选择：二手市场命运的背后

二手价格的背后

家住北京朝阳区黄金地带的王先生，算过这样一笔账：以我的工资我想都不敢想在市区内买房子，这里的房价实在是太高了，按我现在的工资标准，就算我能买得起房子，也要花去将近30年的时间来还房贷。前几年，经一个朋友的点拨，我在市区内先买了一套二手房住着，这样既有了房子住，同时也能为自己的房子进行保值，等这里的房价涨的很高了之后再卖掉。你看，我现在不就用我先前买二手房子的钱买了一套新的房子么。

王先生的例子说明，对什么事情都要有一个经济的头脑，这样购房就相对比较经济而又实惠。

二手市场的真实内幕——逆向选择

"逆向选择"这个名词是由美国著名经济学家阿克洛夫提出的。当时，他提出此项规则是在针对旧车交易的案例进行深入研究之后得出的。1970年，他又提出了著名的"旧车交易模型"，从而开创了"逆向选择"理论的先河。

"逆向选择"是二手车市场上最新流行的一个经济学术语。简单地说，"逆向选择"就是事与愿违。阿克洛夫在旧车交易的案例中看到，这样的选择方式违背了正常优胜劣汰的市场竞争原则，因为二手车交易的市场上，买主和卖主所掌握的有关车子质量的信息是极不平衡的。卖者知道自己所要出售的车子的真实质量，而买家在一般情况下对车子的真实质量是难以判断的，所以只能通过仔细观察车子的外观、听卖家的介绍和进行简单的现场测试来了解车子的质量信息，但这些信息是极其有限的，而且有时也是不正确的。因此在这种情况下，买家就只愿意根据车子平均的质量水平来支付价格。而一些好车由于质量好、价格又高，买家会自动望而却步，转而去寻找其他价格相对较低的车子。

所谓对二手车的逆向选择，不过是逆交换对方之向，而对于买者自己来说，趋利避害的原则和理性人特征从来都没有被违逆过。因此往往质量越差的车子价格才会越低，价格越低的车子也越容易吸引买家的目光，最终达成交易。这样，劣质品会卖得越来越好、越来越有规模，而优质品却会被驱逐出市场。

现今，"逆向选择"这个概念，在二手商品市场上的表现尤为大家推崇。通常二手市场上有很多商品的质量都存在着不确定因素，而二手市场的商家则是商品质量信息的知情人，而消费者对此就知之甚少了。由于消费者无法识别商品质量的优劣，而只是根据商品的平均质量出价，这样就会使优质品价格被低估，最终不得不退出交易市场，而商家正是利用消费者的这一

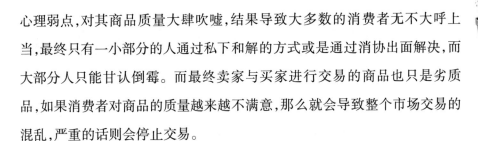

心理弱点,对其商品质量大肆吹嘘,结果导致大多数的消费者无不大呼上当,最终只有一小部分的人通过私下和解的方式或是通过消协出面解决,而大部分人只能甘认倒霉。而最终卖家与买家进行交易的商品也只是劣质品,如果消费者对商品的质量越来越不满意,那么就会导致整个市场交易的混乱,严重的话则会停止交易。

实际上,"逆向选择"的经济学现象不仅存在于二手商品交易中,在现实生活中同样存在,比如一个漂亮而又有才华的女孩,会被很多男孩子暗恋,但是往往由于她的条件太好,反而让很多男孩望而却步、不敢表白。因为他们可能会想"这么漂亮的女生,又这么有才气,哪轮得到我来追呢!"于是便会退而求其次。可是他们却都忽略了女孩本人的真实想法,说不定,这个漂亮女孩正因为大家对她的望而却步已单身数载了。这种和常规不一致的现象其实也可以解释为经济学中的"逆向选择"。

"逆向选择"在经济学中是一个含义丰富的词汇,它是指由交易双方信息不对称和市场价格下降产生的劣质品驱逐优质品,进而出现市场交易产品平均质量下降的现象。

在敢于创造者的眼中,任何事物不仅要从正面去对待它,更要从反向去认清它,那么你就会对它有全面的认识。

在现实的经济生活中,存在着一些和常规不一致的现象。本来按常规,降低商品的价格,该商品的需求量就会增加;提高商品的价格,该商品的供给量就会增加。但是,由于信息的不完全性和机会主义行为,有时候,降低商品的价格,消费者也不会做出增加购买的选择,提高价格,生产者也不会增加供给的现象。这也是"逆向选择"。

由此,可以延伸一下,来分析新车市场的降价行为。在普遍存在的降价环境中,高品质车的高价格往往会使一些消费者心存怀疑,因为他们只想在价格足够低的情况下才去购买,若价格很高,他们会怀疑厂家以次充好。而优质汽车品牌厂商们却会由于收益锐减,无力再继续投入开发更好的产品,去研发更好的车去占领市场。这样就只有靠减少配置、降低服务质量或者提高易损件的价格等来维持经营。以低价出售的商品,可能会将优质的商品挤出市场,摧毁消费者对市场的信赖,其对市场的破坏力是巨大的。

那么究竟能否找到事半功倍的解决问题的途径呢？这就需要相关部门努力促使双方的交易信息对称,尽量增加交易双方的信息透明度,以改变"逆向选择"的尴尬状况。例如,优质商品的厂商可以提供更多的承诺和措施,或以广告的形式向消费者传递该商品具有高质量的信号；厂商可以通过完全中立的质量监督、认证机构,帮助消费者认识、鉴别产品,使消费者信服；此外,厂家还可以通过签订质量保证合同的方法来使消费者安心购买产品。

战略促销,买的没有卖的精

促销成为一种增加边际成本的有效方式

小韩来到一家商场,看到商场正在进行着促销活动,于是他从首层一直转到顶层,见到许多"满300元送100元"、"满600元送300元"的商品。他长时间地在商场里逛,看到许多他想要购买的商品,于是他利用手中积攒的这些小票又买了他所想要的东西,然后满载而归。

商家往往采用有买有送这种方式来吸引顾客,按他们的话来说是"不怕你不买,就怕你不来。"只要你来了,多多少少都要买些东西。更为重要的是,商家把那些可在别处买也可在这里买的消费者吸引过来,增加了自己的市场份额,使自己在竞争中处于有利地位,这才是商家大力促销的初衷。

经济学告诉我们,当边际收益等于边际成本时,企业才能实现利润最大

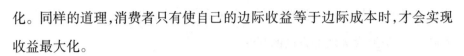

化。同样的道理,消费者只有使自己的边际收益等于边际成本时,才会实现收益最大化。

于是,那些付出了边际成本的消费者,购买了许多可买可不买、可在这家商场买也可在那家买、可现在买也可以后买的商品。反正似乎比平时便宜,从心理上获得了购买便宜商品所带来的满足,也获得了由此带来的边际收益。

最近有人走访了一些商场,发现大部分商场都采用以下几种方式来增加自己的市场份额,以获取更多的利益。

第一种是低价限销,在一些电器专营商场往往推出1元钱的手机、1元钱的彩电,限量销售、抽号产生。于是,许多人早早赶到商场,希望幸运之神能够降临在自己头上。

首先,让我们用经济学原理来分析一下。假设你买到这种商品带来的收益是300元,由于是抽号产生,概率很小,假设为1%,而抽不中的概率为99%,抽不中的消费者收益为0元。也就是说,期望值并没有人们所想象的那么大,馅饼不会掉在我们的头上。如果我们把所花费的时间、精力、交通费以及由于没有抽中而产生的种种失望都计算在内,就会发现抽号不中的收益实际上是负数。

不过,人们会想,反正也不会付出多大代价,当商场推出1元钱的手机和彩电时,人们乐于去尝试,而这也是商家所希望的。正如前面所分析的,消费者为了追求收益最大化,往往会附带购买一些其他商品,这样就大大提高了商场其他商品的销售额,使商场获得了丰厚的利润,这足以抵消少量特价商品的支出。

第二种是价格歧视,在促销中,我们有时会看到这样的宣传:购买物满999元,返现金100元;满1999元,返现金200元;满4999元以上,返现金450元。也就是说,消费额越高,折扣越高,商品的实际售价越低。这在经济学上属于二级价格歧视,即对不同的消费数量段规定不同的价格。对商品实行二级价格歧视,部分消费者剩余会被商家占有,比起按照统一价格销售商品,商家能够大大增加自己的利润。

第三种是促销博弈,假设只有甲、乙两个商家。如果他们不降价促销,消费者无从选择,只有高价购买商品,则他们的收益各为 1000 元。如果乙不促销而甲促销,那么乙的收益减少到 600 元,甲的收益增加到 1200 元。如果乙促销而甲不促销,结果便会相反。如果甲、乙都促销,由于促销需要支出促销费用,他们的收益都降为 800 元。

根据博弈理论,甲、乙商家都在追求最大收益。因此,无论对方的策略是什么,促销都是它们的唯一占优策略,否则就会在竞争中受损。于是最后形成了甲、乙收益各为 800 元的占优策略均衡。而收益 1000 元与收益 800元之间的 200 元差额,实际上是促销活动所付出的代价。这就是非合作性博弈"囚徒困境"在现实中的例子。

从另一方面讲,消费者也从中得到了益处。这总比两个商家经过窜谋都不降价,消费者不得不高价购买商品要好一些。

价随人定,警惕商家看人下菜碟

不会砍价买不到物美价廉之物

去年快春节的时候,吴女士想要给自己的丈夫买双鞋,在过年的时候穿,她平时挺喜欢逛商场的,认为商场的东西虽然比较贵,但是质量能够保障,况且到了年底,各大商家推出了一系列的优惠政策。这位吴女士花了600 元钱从商场买了一双打八折的皮鞋,感到十分高兴。

恰好她同事王女士来她家串门,看到这双鞋之后便问她多少钱买的,吴女士如实地说了在哪里买的、花了多少钱,王女士听完之后便对吴女士说:

"你啊,这双鞋买贵了,我和你在同一家商场买的,款式都一样,我和柜台小姐砍了半天的价,结果只用了不到400元钱就买下来了。"吴女士听完之后,脸上便失了颜色,王女士说要不咱找他们理论去,吴女士拉着她的手说:"算了吧,下次注意一点就好了。不是有句老话常说么,吃一堑长一智嘛,这次就当给我个教训吧。"

只要有钱,人人都能买到东西。但是对于不同的人,同样那么多钱,买来的东西价钱却不一样。这是为什么呢?

对于那些卖东西的人,他们永远不会卖便宜的东西,他们会在一定基础上抬高价格以获取更多的利润,而这就是一些商家的生存之道。而对于那些买东西的人来说,如果不懂得砍价就可能会花很多冤枉钱。

那么,以怎样的方式砍价才能不吃亏呢,这是一门很深的学问。

消费者在购物时,要把握商家出售商品的心理。

那么商家在卖东西的时候,往往会怎样考虑呢?

首先,要判断顾客对所购物品的急需程度。顾客一进门,销售员会先观察你的神情动作,尤其是你的眼神。如果你的眼神让商家看出你很喜欢这件商品时,他就会说出一个很高的价格,而且不会轻易下压。而在此期间,销售员总是会不断问你给谁买啊,是不是送礼用等一系列的问题,而这实际上都是在观察你,看你是否迫切需要这件商品。

其次,通过穿衣打扮来判断你的经济条件以及谁会掏腰包。他会从你的穿着举止上来判断你的经济实力,尤其对于女孩子来讲这更是至关重要的,卖家通过观察,会仔细打量是你男朋友花钱还是你自己掏腰包,然后再根据情况出价。一般来讲,装束时髦的年轻人,打扮讲究的旅游者或为公家买东西的采购员,他们容易出高价。

每个顾客都希望花最少的钱,买到最称心的商品。面对商家开出的高价,怎么把它"砍"下去呢?

可以先到一个市场走走,看看他们标的具体价格是多少,这样对于购买者而言就有了心理准备。看看有没有自己想要的东西,然后在心里盘算好,怎样把价格给压下来,怎样用最少的钱买到自己想要的东西,最好还能够找一个懂得砍价的朋友一起去,这样在你砍价砍不下来的时候,可及时让你的朋友帮你。

尽量不要把自己的真实想法告诉卖方,不然他可能会使劲抬高价钱,到时候你想要砍价,也是砍不下来的。还有,去买东西的时候,尽量穿得比较简单一些,这样对于商家而言,他在打量你第一眼时,就可能会认为你是一个没有太多钱的人,因此,他在卖东西时,价格自然会往下降一点,因为他也怕丢失一个顾客,少一份生意。

砍价时,销售员总会问:"你说多少钱?"实际上,他是在千方百计地想让你先说出底线价位。此时,你总是会犹豫不决,不知该怎样说,这时你不妨就先出他开出价格的一半。如果不行,你转身就走,但不要走太快,因为如果他觉得你说的价格可以,他会叫你回来再商量的。这样,主动权才能掌握到你手中。

在谈定价钱以后,不要急着掏钱。要检查一下所购商品的质量,无论有没有问题,哪怕只找到一点瑕疵,也是对你十分有利的。发现以后,马上对他说明这个物品有缺陷,应该降价,否则不买。此时,老板已经跟你耗费了不少时间,眼看你钱包里的钱就要成为他的了,他一般不会放过这个机会,降价也就很自然了。

作为商家,多销是他们的重要原则,他们在价格上也有批发和零售之分。所以,如果在同一个商户那买几样东西或几个人一起购物,就要有把零购变批发的意识。你可以通过"去零"的办法,将每件物品价格的末尾"零头"去掉,通过几次折扣和去零,就可省去不少。商家明白,最后卖出的比较多,早已有了赚头,一般也就应允了。

超前消费给人们带来了什么

超前消费：是负累还是享受

从事网络工作的李小姐几个月前与男友共同贷款5万元用于房屋装修，她说，两人为结婚买房已经花光了所有的积蓄，考虑到结婚的需要，还是准备把装修一次性搞完，这样就不得不预支"明天的钱"，用来搞装修。"我的月收入有1500块，他的月收入2000元左右。我们借这5万元，利息不是很高，现在每个月两人固定存1500块元，没有意外的话，三年后应该就可以还完了。"

谈到这次"超前消费"对生活的影响，李小姐觉得，虽然如此一来，他们会因为手头流动资金减少而小有压力，但也对他们平时的消费活动形成了一定的约束，让他们花钱不再大手大脚，还慢慢养成了储蓄的习惯，对今后的生活还是蛮有积极影响的。

从近几年的国民信贷与资金的储备上来看，房贷、车贷、信用卡消费市场发展迅猛，不断地刺激更多的人进行消费，因此有越来越多的人，尤其是那些刚刚走向社会的年轻人逐渐成为最活跃的消费群体，他们开始"花明天的钱享受今天的生活"。

"超前消费"，有些经济学家给出的定义是脱离自己收入水平和收入能力的盲目消费行为，它以追求享乐为目的，以消费高品牌、高档次的商品为特点，是一种不顾生产发展的可能和家庭收入的多少而盲目攀比、不计后果的消费方式。

"超前消费"是"一种超越暂时经济能力的消费"，实业界给出的定义为"一种暂时还未普及的消费方式或消费行为，敢于"花明天的钱，圆今天的梦"。

这种消费方式最早出现在欧洲及美国,在这些国家里,对于身份和能力的认证不是在于他们获得多么高的成就,而是他们能否从银行里贷出供他们进行消费的资金,这种由西方发达国家消费方式带来的"国际示范效应"很快就传遍了世界,再加上他们本国的新自由主义政策反对国家对经济的干预,因此银行家为了增加自己的收益,就"创新"出一种新的借贷形式,即"消费信贷"。这种政策既避免了国家的干预,又能产生有效的需求,同时还可以为自己获得更多的利益。由于消费基金的迅速膨胀和对劳动者消费引导的失误,使得国民一味沉浸在对商品的享受之中,而有的家庭还不清从银行贷出的钱,最终负债累累,这在经济上会造成虚假社会需求以及经济的虚假繁荣,妨碍市场经济的健康发展。

"超前消费"是一把利弊共存的"双刃剑",并不是每个人都能尽享其利而不受其害。目前,使用信用卡已成为年轻人购物首选,而"月光族"也迅速成为都市一景。

有调查数据显示,"享受生活"是当前人们消费的明显特点。在中国,房和车是标志性的大件耐用消费品,也是一个人经济实力的象征。大部分人敢于"提前消费",首先是因为中国经济持续攀高,社会提供给人们的就业机会和高薪岗位越来越多,使他们对未来和前途充满信心。人们的消费预期提前,有力地刺激了中国经济的发展,增强了经济发展后劲,但同时也带来了一些弊端,大多数的人习惯了拿信用卡分期付款购物,每次看起来买东西只需付数十元或百余元钱,但买的东西多了,每个月的工资一发下来就所剩无几,结果是让自己和家庭都背上了沉重的负担。

现在越来越多的都市人开始颠覆传统消费习惯,从积极意义上说,"超前消费"不但能提高自己现有的生活水平,同时还能扩大内需、促进国民经济增长,从而增强国家对外的经济实力。但是从消极的一面来讲,"超前消费"一旦把握不好，我们就得承担往后的偿还风险，而且也会造成国内市场的虚假繁荣。

因此，有经济学专家指出，消费应当量入为出，这样既能很好地享受生活，又能保证自己有这个经济能力还清贷款。如果过度使用信用卡却无法及时还款的话，持卡人的信用记录将受到负面的影响，并且会被列入黑名单之内，最终将会造成较为严重的后果。

"超前消费"作为当下的一种时尚的经济行为和消费方式，确实有其他经济行为和消费方式不可比拟的益处，但是尝试时也应因人而异、量力而行，考虑其可行性，绝对不能不顾及自己的承受能力而进行盲目消费。

也许适度的透支暂时可以让我们享受到超前消费的好处，但是一味享受不计后果，只顾眼前，不管今后，割裂当前利益和长远利益的联系，这种盲目的做法是十分危险的。过度透支往往会使你丢掉信誉，甚至不堪重负，从此难享人生的欢乐。因此，我们必须提倡理性消费，合理支配，既着眼于当前，又兼顾未来，只有这样，我们才能真正尽情享受超前购物的乐趣。

吉芬现象：高价下购买力更强

房价的增长，抑制不了人们对它的需求

近几年，房价不断攀升，但还是不能降低人们对它的需求。2009年，由于经济危机的到来，大多数人以为房价能够降下来，好利用手中仅有的部分资金为自己购买一套房子，可是在经济危机的浪潮中，房价不但没有降下来，反而继续攀升。王某，祖籍山东，他本想利用手里的这点钱买个小一点的房子，可是没有想到的是，他手里的这点钱刚刚够他交首付，无奈之下，朋友们都劝他赶紧买个房子算了，要不以后房价可能会继续涨的，到时候有可

能更买不起了。

为什么在如此高的价格下，还有许多人去买房呢？

为什么在日常生活中，价格越贵的东西有时反而越容易畅销呢？

首先从历史讲起。1845 年，在爱尔兰发生了严重的灾荒，人们都吃不饱肚子，但是令人意外的是，随着土豆的价格不断上升，爱尔兰人对土豆的需求量反而增加了。后来有经济学家根据经济学的需求定理进行解释，发现消费者对商品或劳务的购买数量一般随着价格的上升，市场需求将减少。然而土豆显然是个例外之中的例外，由于英国统计学家罗伯特·吉芬最早发现这种现象，于是后世学者为了感谢这位统计学家，便将这种与经济学需求定理相反的现象称为"吉芬现象。"

2011 年 3 月 11 日，日本发生地震，发生了核泄漏，造成食品、海产品等辐射超标，据报道需要在食品里面加碘，中国有的居民便开始大量地囤积食盐，以抵抗辐射给自己带来的伤害，造成食盐价格突涨，由此产生了价格上涨、需求量同步上涨的背离经济学常规的"吉芬现象"。

160 多年以来，由"吉芬现象"所产生的商品层出不穷地涌现在消费市场中。一些资深的经济学家发现，"吉芬商品"总是与当前的经济下滑联系在一起出现，好像这两者命中注定天生要连在一起。

那么什么是"吉芬商品"呢？吉芬商品就是在其他因素均不改变的情况下，当商品的价格不断攀升时，对其需求量也在不断增加，当商品的价格不断下降时，对其需求量也随之不断减少，这就是人们通常所说的"吉芬商品"。

在经济学中，一种商品价格的变化会引起该商品的需求量的变化，这种变化可以被分解为收入效应和替代效应两个部分。收入效应是指由商品的价格变动所引起的实际收入水平变动，进而由实际收入水平变动所引起的商品需求量的变动。替代效应是指由商品价格变动而引起的商品的相对价

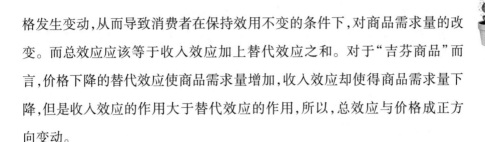

格发生变动,从而导致消费者在保持效用不变的条件下,对商品需求量的改变。而总效应应该等于收入效应加上替代效应之和。对于"吉芬商品"而言,价格下降的替代效应使商品需求量增加,收入效应却使得商品需求量下降,但是收入效应的作用大于替代效应的作用,所以,总效应与价格成正方向变动。

那么,为什么越贵的商品就越会有人去买呢?大家首先可能认为这是价值规律在起作用,价值规律的作用主要表现在对市场资源的优化配置,然后通过市场竞争来达到。可是价值规律并不总是万能的,它也有失灵的时候,由于人们心理的变化,人们总是认为越好的东西价格会越高,同时也是保证质量的,因为目前在我国假冒伪劣产品太多了,而这些产品又与低价联系在一起,很多人通过这三十几年的奋斗,使自己的收入增加了,没有必要去买便宜货。再者是由于人们显示自己的富贵、寻求高消费的心理。由于社会的发展,人们经济实力的提高,那些富起来的人们愈来愈讲究时尚名牌。而有些并不富裕的人,为了不失自己的面子也穿起了名牌,而任何社会都不排斥一些不富裕的人或是富裕的人通过高价商品以显示自己不同于他人的"身份"。所以,这就使得越贵的商品越有人去买。

第 ⑪ 章

投资经济学:学会让金钱为你打工

　　投资,不是有钱人的专利,对每一个上班族来说,都可以选择投资,简单地说,就是把每一分闲钱都用起来,让其发挥应有的作用。

　　比如,为自己买保险、购买基金、集邮等都是一种投资。对想投资的人来说,需要选择了熟悉的项目,分析盈利的可能性,大胆投入,这样就有机会获得意想不到的利润。

心态法则：投资的首要前提

投资不能急于求成：先易后难方能聚财

从前，有一个家境贫寒的学子，在收到著名大学录取通知书的时候，既感到欢喜又感到忧愁，他不想放弃这一深造的机会，于是利用假期的这段时间出去打工，想凭借勤劳的双手解决问题。

他找了份油漆工的工作，去粉刷一间大屋子，每天勤勤恳恳地工作，但是有一天在他休息之余，他不小心滑倒了，手碰到了墙上，留下了一个手掌印，为了将这间屋子涂好，他又在这面墙上继续涂，可是无论他怎样涂，他发现这面墙的颜色都要比其他几面墙的颜色要深许多，为了做好这项工作，要全部重新粉刷一遍才行，因此他自己掏钱又重新粉刷了一遍。

当这项工作结束的时候，雇佣他的老板才知道了真相，并且也表达了他诚挚的感谢，为了圆满完成这项工作，他已经将所得的报酬用在购买油漆上，因此无法再继续他的深造。他的老板知道之后，决定出资供他上学，就这样这个家境贫寒的学子改变了自己的命运。

在他成功以后，他说过这样的一句话，"正是由于那份工作使得我有机会继续深造，但是假如当初我糊弄了事，我的心态只是一味在钱上，我想今天的我也不会站在这里。"

一个人无论做什么事情，其实都是一种投资，在投资的时候最重要的是把握好自己的心态，如果心态不好的话，那么成功就有可能与你失之交臂。事业的成功与失败，与其说取决于人的智能，毋宁说取决于人的态度。

无论是学术领域还是商业领域，不同的投资策略都会影响你得到什么样的投资收益，但是有一点大家都知道，做任何事情如果不是从最简单的做起，而是一步登天的话，那么他极有可能摔得很惨。

有句老话说，"心急吃不了热豆腐"，在巨大的利益面前，哪怕错过这一次可能你今生就再也得不到了，你也不能有过度的奢望，有些东西该是你的就是你的，别人无论怎么抢，也未必会得到，但是如果你凭借着非法的手段去得到它，那么即便你最终得到了，你也终将不会感到快乐，甚至有可能为此自责一生。

面对当今的投资热潮，许多投资者总是期望从投资当中获取巨大的利润，总是想通过偏门、旁门或是一些小道消息来证实自己的投资想法。比如，一些炒股的人，要是知道谁懂得股票交易方法，一定会跑上前去问问，甚至有时一听到什么"风吹草动"，立刻见风使舵地买进卖出。

有专家指出，这些投资者除了自己的心态浮躁、没有很好的耐性以外，更重要的是对股票交易的运作程序和方式没有正确认识，总是想着怎样投机取巧，才能赚取更多的钱。再者，很多人一味抱着"用小钱换大钱"的心理，总是爱占小便宜，总是期望以最小的代价换取最大的利润，于是盲目进行投资，对那些影响市场的内外因素没有很好的分析和判断，同时获取信息的能力比较低下，因此，有很多的股票投资者输得很惨，更有甚者赔得倾家荡产。

有专家提醒，股市有风险，投资需谨慎。面对着股市的风云变化，要想在股票市场站稳脚跟，获取巨大的利润，最根本还是在于心态，心态是否良好决定着投资收益的大小。诚如奥里森·马登说过的一句至理名言："凡是能够保持正确思想的人，一定懂得用希望来代替绝望，用坚韧来代替胆怯，用决心来代替犹豫，用乐观来代替悲观。"所以，当面对复杂的股票交易市场时，我们应该保持良好的心态，不要过于浮躁，那些真正在股票交易市场赚钱的，并依靠的不仅仅是自己高超的技术，他们大多是拥有良好心态的人。

良好的心态可以帮助我们成就自己的人生，消极的心态则会导致我们

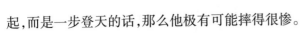

第**11**章 投资经济学：学会让金钱为你打工

此生碌碌无为,虽然我们无法扭转自己所处的环境,但是我们可以改善自己的心态。因此,我们一定要勤劳务实,脚踏实地,不要总想着走捷径,千里之行,始于足下。不要过分执迷于拉关系、走捷径,那些东西只是暂时的,如果你没有一定的知识水平和文化修养,没有一定的投资眼光,又没有好的心态,那就很难投资成功。

降低风险,选择组合投资方式

别把鸡蛋放在一个篮子里

王大婶从市场上买了一篮子的鸡蛋,想给自己的孙子补补营养。回家之后,她将这一篮子鸡蛋放在了窗台上,不知道突然想到了什么事情,又急急忙忙从家走了出来,恰巧这个时候,王大婶的孙子回来了,他问奶奶,"奶奶去哪里啊?"王大婶很着急地说,"我落东西在菜市场了,得赶紧回去取,晚了人家就走了。"但是很有意思的是,王大婶始终没提她的一篮子鸡蛋。

等到王大婶从菜市场回来之后,看见窗台上的篮子不见了,才猛然间想起那一篮子鸡蛋,于是进门之后就问她的孙子,"我的鸡蛋放在哪里了。"她的孙子说:"奶奶,我已经把鸡蛋放起来了,你看,不就在那里么。"

原来她的孙子回来,看见了这一篮子鸡蛋,便顺手提了进来,但是怕鸡蛋放在一个篮子里,有些不放心,便将一篮子鸡蛋分别放在了厨房的柜子里和冰箱里。

奶奶问他为什么要这样做,他说,"我们老师说了,不能把鸡蛋放在一个篮子里,要分开来放,要是不小心滑了一下,那么篮子里的鸡蛋不都全破了么,所以,我把鸡蛋分开来放了。"

1952 年,美国经济学家马考维茨首次提出投资组合理论,并对其进行系

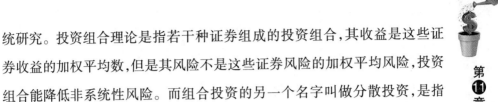

统研究。投资组合理论是指若干种证券组成的投资组合,其收益是这些证券收益的加权平均数,但是其风险不是这些证券风险的加权平均风险,投资组合能降低非系统性风险。而组合投资的另一个名字叫做分散投资,是指同时投资在不同的资产类型或不同的证券上。分散投资是对风险和收益这两个对等方面进行合理的改变,其好处就是可以在不降低收益的同时降低风险,通过分散投资的方式可改变我们对单一债券投资的收益,从而降低风险,最大程度地保存实力,以赢取其他债券上的利益。

经济学家告诉我们,面对着交易市场上各种证券的投资,我们要精于算计,对不同的债券进行客观的分析,不要直接将全部资金投入到一种债券上,要合理分配。对于企业来讲,最好的方式是实现个人资产的多元化,把手头上的资产进行评估,然后进行合理的分配投资,比如,为了企业的长期发展,可将现有的部分资产投入到稳定的国债中或是购买风险较小的其他债券,但是必须留出一部分资金用于公司的日常周转,而这些资金暂时不用可以投放到银行中,通过吃利息的方式,也能使资本升值。

对于家庭而言,手里的钱肯定不会很多,那么怎样才能利用好手中的资金呢? 有的专家给出几种方式:

首先,最好的方式莫过于投放到银行之中,通过还本付息这种方式既可以带来原始资本的升值,同时将钱放到银行之中也规避了风险,不存在任何的资金安全隐患。

其次,应该是购买国债,国家定期会向社会发放大量的债务,通过这种方式向社会收集闲散的资金,这种方式和到银行存款一样,也不存在什么风险,而且我国政府的债券的信用度高、收益高,同时也是安全性最好的,因此也是投资者可选的比较好的方式。再者,如果手中闲散的资金想要获取更高的投资效益,则可购买金融债券和公司债券。金融债券是银行等金融机构发行的债券。公司债券又称企业债券,是指公司为筹集资金而发行的债券。这两种债券较政府债券来讲,收益率是很高,但是存在着一定的风险,对于这两种债券的购买需谨慎。

最后,应该是大家熟知的购买股票,购买股票你可能会得到很大的收益,但别忘了,收益与风险是共存的,有时你可能会赔得倾家荡产,因此对于购买股票一定要仔细考虑之后再做出选择。

经济学家指出对分散资金的选择,必须要综合考虑不同种类的资产所带来的收益性和风险性,然后慎重进行合理的投资,不要把全部的资产孤注一掷投资在一个领域,要同时兼顾不同的领域,防止资产的流失,这就是别把鸡蛋放在一个篮子里的投资组合理论。

复利:快速增长财富的惊人手段

最神奇的财富增值工具

有一部电影叫做《漂流瓶》。故事讲述的是在 20 世纪 80 年代,有个一夜暴富的大款看上了一位年轻漂亮的姑娘,于是对她说,"只要你嫁给我,你开个价吧,我有的是钱。"这个姑娘说,"想娶我可以,但你必须答应我一个条件,我的要求不高。只要你给我一个月的钱就可以了,第一天你给我一分钱,第二天你给我两分钱,第三天你给我四分钱,以此类推,以后每天给我的钱是前一天的两倍,只要你能坚持 30 天,我就答应嫁给你。"

这位大款很高兴地说,"这也太简单了,我现在就可以给你。"于是他拿出了一个计算器开始计算,等到了第 20 天的时候大款开始怕了,到第 30 天的时候这位大款彻底瘫坐在地上了,因为仅仅的第 30 天大款就要支付 1074 万元钱。

爱因斯坦曾惊呼:"宇宙间最大的能量是复利,复利是世界的第八大奇迹!"那么什么是复利呢？在现实生活中,我们又该如何对财富进行增值呢？

复利是指在每月经过一个计息期后,都要将所生利息加入本金,以计算下期的利息。这样,在每一个计息期的利息都将成为本金,即以利生利,也就是俗称的"利滚利"。上面的案例中,漂亮姑娘提出的那种方式就是典型的复利。

复利是一种成功的理财理念,对于普通人来讲,懂得复利这种神奇的财富增值工具是相当重要的。

比如,一个人从现在开始存钱,直到有一天你老了退休了,那么除了政府会给你一笔颇为丰厚的养老金外,你还有自己的存款,这些存款你可能至少存了将近40年,这么丰厚的存款在你退休之后一定会使你变成有钱人,那么你可以用这些钱去干你从前想干而没有去干的事情。

很多人认为,获取成功的条件取决于背后雄厚的资金支持、庞大的信息人脉网和超出常人的努力,这些条件尤其被现今的大学毕业生所追捧,总是认为自己的起点很低,即便是最后成功了,也会付出相当大的代价。

如果你不去试一试,你怎么会知道你能够成功呢？如果你一味的坐吃山空,哪怕你老爹再怎么富有,终有一天也会被你吃空的。相反,如果你从现在开始一点点地积攒你的资金、你的人脉网、你的努力,那么你终究会实现你的理想的。对于那些正处于20多岁的年轻人来说,年轻就是一种资本,我们何不将它好好的利用,进行合理的投资,等到我们老的那一天,我们也不至于悔恨当初的碌碌无为。

想要钱生钱,最好的办法就是进行一项比较稳定的投资,然后产生复利,这样就能保证你的钱是在增值的,不然你的付出和期望都会落空。而复利也是增值财富的最佳工具之一。

以房养房:较有保障的投资方式

以房养房

家住在北京的的小王,每个月的工资大概在 8000 元左右,原本底气很足的他在购房的时侯心里却发了虚,他不知道自己什么时侯才能还清贷款。抱着这样的困惑,他最终还是放弃了购房。

然而,他的同事小陈和小王的工资收入不相上下,人家却很爽快地买了房子,而且日子过得也逍遥自在。小陈不解地问小王购房的奥秘,小王骄傲地说,"动动脑子,这事就解决了,你先贷款买了房子,然后把房子根据情况出租出去,用租金和工资还贷,不就轻松多了吗?"小陈听了恍然大悟,才下定决心购房。

随着时代的发展,房产行业从一个新兴产业迅速崛起成一个新兴的投资行业。之前,由于国家实行的是计划经济,我国的房产均是由国家统一分配。从改革开放以后,房产政策发生了改变,人们可以自由买卖房产。

投资购房,出租还贷,已经成为当下个人或是企业进行投资的一种好方式,只是有时面对着沉重的还贷压力,有人不禁感叹,如今的房价高的实在是太吓人了,好不容易买了套房子,却要担心自己何年何月才能还清贷款,就算到时候还清了,可那时的房价如果大幅度下跌,那岂不是投资投错了地方啊。

面对当前房地产市场的新政策,以房养房也存在着比较大的风险。因此无论是企业还是个人投资房地产,通过出租收取利润这种方式也必须要谨慎。

专家认为,目前市场上的房价可能会在短期内下调,但从长远的角度来看,调整周期过后价格仍将会上调,这主要是因为大量的人涌入城市,城市效应不断增强,因而随之而来的便是对住房的需求,就目前的市场环境而言,只要负担得起,房产仍是一项不错的投资。

当然,"以房养房"还要承受出租收入不稳定的风险。对于投资者而言,收取的租金当然是越多越好,但是房产一旦过了保鲜期,就要面对折旧交易,这样房子本身的价值就下降了很多,在这种情况下,必定会影响租金的收入,如果将其单方面进行抛售,则会低于原来的成本价,所以,面对"以房养房"时,一定要看清市场行情,以防遭受损失。

任何事物都有两面性,人们在看到好的一面时,也不能忽视了其中的风险。所以,在面对"以租养房"这种投资模式时,投资者需慎重考虑,分析市场情况以及政府对房产市场的干预,而后再进行投资。

着眼于未来,保险也是一种投资

保险也是投资

小明是一名小学生,有一天不小心从凳子上掉了下来,摔断了腿,他去医院进行诊治花了将近 5000 元钱,由于小明曾在学校里办了人身安全保险,因此,保险公司对他进行赔偿,支付了大半的费用,解决了小明一家的难题。

谁不希望自己的一生能够平安、健康地生活,然后充分发挥自己的聪明才智,得以实现人生的价值。人的愿望总是好的,总是希望自己能够免于风险,但是谁也保不准自己哪一天就会面临灾难或是造成巨大的财产损失。

人们常说:"钱能够买到床,但是买不来安全啊!"人们在充满变数的环境中生活,有时就得面临着意外情况的突然发生。而保险制度正是为了解决这一问题而诞生世间,帮助人们解决善后的种种问题的。

那么什么才是保险呢？保险对我们有什么好处呢？这是每个投保人在进行投保之前必须要懂得的。

保险是指投保人根据合同约定,向保险人支付保险费,保险人对于合同约定的可能发生的事故因其发生所造成的财产损失承担赔偿保险金责任,或者当被保险人死亡、伤残、疾病或者达到合同约定的年龄、期限时承担给付保险金责任的商业保险行为。

保险投资是保险经营的主要内容之一,保险投资的效果对于保险公司的经营与保险业的发展具有重要的影响。在发达国家,保险公司的保险投资收益远远高于其保险费收益(很多保险公司的赔付率超过100%),保险公司的经营效益最终取决于其投资收益。

在进行保险投资时,在投资安排上首先按资金的可运用期限分为短期、中长期和长期三部分,满足保险经营中资金流动和赔付的需要,保证在保险投资时资金数量和结构的相对稳定性,然后根据资金性质选择相应的投资工具和投资策略,取得相应的投资收益。这样,即便在发生巨额赔付时也能够将资产逐级变现,并在变现过程中将资产损失降到最低限度,保持投资组合的相对稳定。

现在的生活水平提高了,很多人的保险意识也加强了,对自己的未来生活和安全也越来越重视,会选择给自己和家人都买一份保险,用少量的金钱,为自己买了一份放心。但是在投保之前,一定要了解清楚各种保险的功能,一定要把保险的钱用在真正有用的地方。

在美国,如果是去看病的话,医生问的第一句话就是:有没有保险。因为保险公司与医生、医院都是有协议和合约的,参加医疗保险的人看病会便宜很多。所以在医疗费十分昂贵的今天,医疗保险已经成为美国人就医保健的第一需要了。其实不管你是结婚了、单身、有没有孩子或者是一个大学生,你都需要给自己买份医疗保险,来预防万一得疾病给你造成的经济负担。而给自己选一份合适的保险,是在你的钱包和你希望得到的医疗保障之间权衡的结果,用较少的支出换取较高额的保障。

不论是谁,我们都有一个共同的愿望,希望我们自己,我们的亲人和朋友都有一个美好的未来,因为平安和幸福是人类亘古不变的追求。然而"月有阴晴圆缺,人有旦夕祸福",在漫长的人生旅途中,人们不免会遇到这样那样的风险,如生病、伤残、死亡等。这些风险的发生常常会扰乱正常的生活秩序,使人们陷入经济困境。保险虽然不能阻止风险的发生,但能够在人们最需要帮助的时候,雪中送炭,雨中送伞。

保险是一种最稳健的、稳赢的理财方式。它与储蓄、股票、基金功能是不同的,相互之间是不能代替的。保险能强制我们储蓄,做到专款专用。保险能堵住我们理财中的许多漏洞,很多人往往重视财富的积累(赚钱),而忽略自己本身风险(疾病,意外)的管理。不可否认,人生中的风险无处不在,如果不以人为本,忽视风险的管理,我们积累的财富或许会因为一场意外或重病而付诸东流。因此,风险管理比财富积累更为重要。

其实保险的意义已经超出了它本身的价值,我们不应该用合不合算来衡量。买一份保险主要就是为了规避风险的,就像一把保护伞一样,为未来提供一份保障。

保险在某种程度上体现的是一种经济关系,一方面体现在保险人与被保险人的商品交换的关系上,保险人与被保险人进行一种交易,这种交易叫做安全,以保障被保险人的利益为目的。另一方面体现在保险人与被保险人之间的收入再分配关系上,这种分配关系主要在投保资产上进行再分配,通过"我出资,你保障"这种方式来解决被保险人的隐患和担忧。

如果仔细分析,不难看出,保险是一种损失分摊的方法,通过单位和个人缴纳保险费用建立保险基金,使少数成员的损失由全体被保险人分担,其根本目的是确保经济生活的安定。

那么怎样才能构成保险的要件呢？首先必须要有危险存在,没有危险存在这个前提无法构成保险启动,保险必须对危险事故造成的损失给以经济补偿,任何人投保主要是为了在危险结束之后,怎样处理善后关系,而这也是投保人最根本的目的之一。保险必须有互助共济关系,一个人的力量毕竟是有限的,通过多数人集资建立保险保障体制,这样才能共同取得保障。

因此,保险是时下保证自身安全和财产安全很好的一种投资方式。面对着如此复杂的社会环境,谁也保障不了你的将来,何不给自己买一份保险让自己安心放心呢？

黄金投资：可靠的财富保值方式

黄金成了可靠保障

2008 年以来,由于金融危机的影响,股市不断下跌。原来王先生通过炒股还可以赚点钱,但是近几年,他投入股市的资产不断减少,为了保证自己的原始资产不流失,王先生放弃股市转而投入黄金市场,因此保存了自己的经济实力,而与此同时,王先生的其他股友的资产都纷纷缩水了。

黄金长久以来一直是一种货币交易工具,无论是早期的奴隶社会还是如今的社会主义社会,在交易市场上它都扮演着重要的角色。当下对黄金进行投资是继证券、期货、外汇之后又一个新的投资方式,它是非常适宜普通投资者投资的品种之一。

2008 年 1 月,股市行情连续下挫,而黄金的价格却在不断上升,在股市行情不好的情况下,此刻黄金投资成为人们眼中最具潜力的投资品种,它为人们打开了新的财富之门,于是很多股民纷纷放弃股市的投资,对金条、金币甚至金饰品进行投资。那么,黄金到底具有哪些魅力使得这些人从股市退出转而杀向金市呢？

黄金作为一种货币，具有其自身的特点，它具有不变质、易流通、保值、投资、储蓄等多种功能，当然最重要的是黄金能够给人们带来意想不到的收益。因此，黄金成为人们新的投资品种不是偶然，而是一种必然趋势。在当前国际经济、政治因素不稳定的环境下，人们为了规避风险，减少损失，已经将黄金作为成为一种优选的投资方式。

黄金作为一种世界范围的投资工具，没有国界的限制，可以任意进行流通，人们选择它也是看中其自身的好处，黄金在全球任何地方都可以进行交易，同时抗通货膨胀能力强，可以保存自己必要的原始资产，而且黄金投资是世界上税务负担最轻的投资项目，投资黄金通常可以帮助投资者避免经济环境中可能会发生的问题，因此黄金投资意味着投资于金钱之上，既可保值又可获利。

目前，黄金的价格上调主要来自于国际黄金价格的上涨，但从黄金市场的交易和行情来看，黄金投资已出现过热趋势。

黄金作为一种理想的避险工具，在发生经济危机时价格会出现下降，但并不影响其自身的实际价值，它仍然可充当货币进行流通和交易，等到经济危机结束以后，黄金的价值自然还会增长。面对当前的投资过热，黄金的价格在未来的价格走向上不会发生太大的变化，但是黄金以其独特的资源价值为投资者的资产保值增值提供了一个很好的方式，因此可作为大家首选的一种投资方式。

第 12 章

经营经济学：利滚利的生财之道

竞争中的合作产生双赢：边际变动

TCL 冰箱与农夫山泉的联姻

2004 年 7 月，TCL 冰箱与农夫山泉这两个不同经营形式和目标的企业联姻，一度在市场上掀起了一股疯狂的促销热浪。TCL 利用自己的媒体资源和户外秀活动，为农夫山泉提供了推广支持，节省了很多费用，而作为交换，农夫山泉则为 TCL 冰箱提供了央视宣传和其他的活动推广资源。双方同时获利，因为他们对自己的营销策略做了微调。

很多企业为了发展，会实行强强联合，两个经营项目和目标一样的竞争企业会联合起来共谋发展，但是 TCL 冰箱和农夫山泉的联姻是属于异业合作的新尝试，是销售思维方式的一种创新。其实它们的联姻还关系到经济学中一个很重要的原理，那就是边际变动。

经济学家用边际变动这个术语，来描述对现有行动计划的微小增量调整。"边际"指的是"边缘"，因此，边际变动指的是围绕你所做的事情的边缘的调整。人们通常通过比较边际利益与边际成本来做出决策。这个原理是说：只有当边际效益大于边际成本时，人们才会进行边际变动。

为了使自己的最终利益能够最大化，人们在做出决策的时候，一般都会考虑做这件事可能产生的结果会如何。若发现当前的策略带来的收益增加效果不明显时，出于理性的考虑，人们就会做出合理的调整。这就是边际变动，也就是理性者的边际效益决策。

TCL 冰箱和农夫山泉合作的例子就是根据双方各自的缺点、优点和欲求，双方都做出了收益大于成本的边际变动，从而达到了各自的目的。TCL 冰箱的销量一直不好，他们想要从"新鲜"上面取胜，所以和农夫山泉合作。

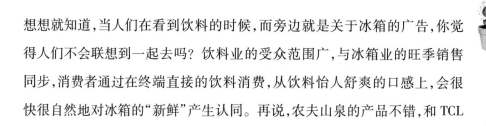

想想就知道，当人们在看到饮料的时候，而旁边就是关于冰箱的广告，你觉得人们不会联想到一起去吗？饮料业的受众范围广，与冰箱业的旺季销售同步，消费者通过在终端直接的饮料消费，从饮料怡人舒爽的口感上，会很快很自然地对冰箱的"新鲜"产生认同。再说，农夫山泉的产品不错，和 TCL 联合起来，那么产生的联想效果是可想而知的。

饮料企业要想独自实施促销效果非常好的"户外秀"，需要花费大量的营销费用；而 TCL 的大型"户外秀"则为农夫山泉提供了一个很好的品牌推广机会。另一方面，农夫山泉饮料的赠送等方式也为 TCL"户外秀"增强了现场气氛，同时也使后者很好地展示了自身产品"新鲜"的特点。双方为此做出的变动都是举手之劳，而收获却都很大，何乐而不为呢？

边际变动是导致边际收益的重要原因，企业之间是如此，我们的生活中同样会有这样的情况出现。日本有一部非常出名的动漫，叫做《灌篮高手》，里面有一段很精彩，我们可以用边际变动来解释这一段。

流川枫是初中时代全县的最佳球员，也是球队的得分王牌，但是上高中择校的时候，他选择的是湘北高中，当陵南高中的篮球教练问他，为什么要去湘北时，流川枫说是因为离家近。上高中择校，学习好的要选师资力量雄厚的学校，喜欢打篮球的则选一所校篮球队实力有名的学校。以流川枫的资质，陵南以及海南附中，应该都不在话下，而他偏偏上了湘北，仅仅是考虑是否离家近。"离家近"就是一个典型的边际变动。

所以我们可以明白这样一个道理，有些人在做一些决策的时候，看似不合常理，其实他们是在考虑边际量而已。两个企业之间也是一样的，有时候看似山穷水尽了，实则懂得变通就会有新的转机。本来经营企业就是应该随时应变的，根据不同的时间段做出不同的规划和改变，这样的企业才能有良好的发展，长久生存下去。

基金:听取理财专家的建议

基金,让专家来帮你赚钱

老张以前喜欢炒股票,但又不了解股市的情况,所以亏了不少钱。后来听了理财专家的建议,就改买基金了。有一次买了一块钱一份的基金,一下子买了5万份。没过几天,老张买的那个基金就开始缩水了,那只基金跌到了0.9元,他一算亏了10%,所以就想赎回来。但是他又听理财专家说,基金是长期投资品种,不能像股票一样频繁炒作,所以他就不急了,也不上银行去看了。

过了几个月,老张听说基金又开始上涨了,他憋不住就去银行看了一下,结果他买的那只基金,已经涨到了15元,这下子把老张乐坏了。但是他还是舍不得赎回来,还想再看看形势。结果到后来涨到18元的时候,老张已经有了80%的收益了,所以见好就收,他把全部基金都赎回来了,当初的5万元也变成了9万元。老张说:"小户还是投基金最划算了。"

在股市上,有很多像老张一样的投资者,他们对股市的情况了解太少,炒股的时候亏了,可是买基金却赚了。那么,基金到底是什么呢?在你要投资基金之前,首先要了解的就是基金的概念,知道了基金是怎么回事,这样才能踏实、放心地投资。

基金就是通过汇集众多投资者资金,交给银行托管,由专业的基金管理公司负责投资于股票和债券等证券,以实现保值增值目的的一种投资工具。基金增值部分,也就是基金投资的收益归持有基金的投资者所有,专业的托管、管理机构收取一定比例的管理费用。

基金在投资市场上,是一项很重要的投资工具,因为它稳健,也方便打理,所以渐渐得到了投资者的喜爱。在一些发达国家,尤其是美国,他们半数以上的家庭都会投资共同基金,大部分的家庭财产就是以基金的形式存在的。我们也可以学习别人的这种投资方式,通过基金投资来实现一部分财富的积累,完成由穷人走向富人的质变。

基金是以"基金单位"为单位的,在基金初次发行时,将其基金总额划分为若干等额的整数份,每一份就是一个基金单位。假如某只基金发行时的基金总额共计10亿元,将其等分为10亿份,每一份就是一个基金单位,代表投资者1元的投资额。

小A工作后,存了一点钱,他想用来投资债券或者是股票,但是他自己没有那么多的精力和专业知识,钱也不是很多,所以他就想和几个朋友合伙,大家一起出资雇请一个投资高手,来操作大家合出的资产,进行投资增值。但是他们几个又不放心投资高手一个人去操作,所以大家共同推荐了小A做代表,与投资高手随时进行联系,有关风险的事,要随时向高手提醒,定期向大伙公布投资盈亏的情况。但小A也不能白忙,他要从大伙合出的资产中按一定比例提成,算是小A的劳务费。

小A他们的这种运作方式就叫做合伙投资,如果我们把这种投资放大上千上万倍的话,它就成了基金。其实这种合伙投资要经过国家证券行业管理部门(中国证券监督管理委员会)的审批,允许这项活动的牵头操作人向社会公开募集吸收投资者加入合伙出资,这就是发行公募基金,也就是大家现在常见的基金。

基金本身就是通过汇集众多中小投资者的资金,形成雄厚的实力,这样可以同时分散投资于股票、债券、现金等多种金融产品,分散了对个股集中投资的风险。而且基金的最低投资量起点一般要求都比较低,可以满足很多小额投资者的需求,变现能力也比较强,所以投资者在收回投资时也很便利。

基金投资就是让专家替我们打理财富。虽然基金不能保证时时刻刻地赚大钱,但起码不太可能出现大亏损,在高风险的股市中能做到这点已经很不容易了。基金投资既不用浪费大量的时间,又不用投入过多的精力,是投资者理想的投资品种之一。

股票:高风险高收益的生财方式

股票,极具风险的投资

黎先生是一个股票爱好者,他喜欢买股票,看着别人都在股市上赚了不少钱,所以他也想捞捞金,于是他就拿了2万元投资了好几种股票。没想到的是,他真的成功地赚了不少钱,这也激发起了他的斗志,后来他加大了投入,拿了10万元出来,再加上先前股票赚来的钱,一共是13万元,全部投入了股票中。

但让人意想不到的是,黎先生买的股票受到市场冲击,直线下跌。最后朋友们都劝黎先生赶快抛掉,免得赔得更多,可是黎先生还舍不得,他想等等看,有没有回升的可能。但是奇迹没有出现,黎先生最后忍不住了,把买来的股票全部抛掉了,拿回了5万元,亏了一大半。

生活中像黎先生这样的股民有很多,有些人甚至因为炒股而血本无归。在投资市场上,股票是极具风险的一项投资。大家经常听到这样的话:"股市有风险,入市需谨慎"。

股票是一种有价证券,是股份有限公司在筹集资本时向出资人公开发行的、用以证明出资人的股本身份和权利,并根据股票持有人所持有的股份数享有权益和承担义务的可转证的书面凭证。股票代表其持有人(即股东)对股份公司的所有权,每一股股票所代表的公司所有权是相等的,即我们通常所说的"同股同权"。这种所有权是一种综合权利,如参加股东大会、投票表决、参与公司的重大决策、收取股息或分享红利等。每一只股所代表的公司所有权是相等的;股东与公司之间的关系不是债权债务关系,股东是公司的所有者,以其出资额为限对公司负有限责任,承担风险,分享收益。

股票是一种无偿还期限的有价证券,投资者认购了股票后,就不能再要求退股,只能到二级市场卖给第三者。股票的转让只是意味着公司股东的改变,并不减少公司的资本,公司决策权利的大小是看持有股份的多少来决定的,而公司的每一项决策产生的效果,也影响着投资者的利益。投资者可以通过低价买入,高价卖出股票的方式赚取差价利润。

之所以说股票的风险性很大,主要是因为股票的价格波动性很大。股票价格要受到诸如公司经营状况、供求关系、银行利率、大众心理等多种因素的影响,其波动有很大的不确定性。正是这种不确定性,有可能使股票投资者遭受损失,价格波动的不确定性越大,投资风险也越大,因此股票是一种高风险的金融产品。

有时候买的股票,在涨了一段时间之后,要及时抛出,不要迷恋它会带来更多的利益,任何事情都会出现意外,尤其是投资市场上,可以说是瞬息万变,股票就是最好的例子。炒股要投最具潜力的股,但也要做到不贪恋,把它只当做是普通的投资,不要太过了。

我们都知道巴菲特被称为"股神"。在2001年,中国内地和香港股市低迷的时候,巴菲特做了一件让大家意外的事,就是在中石油跌落到到1.4～1.6港元时,他斥资23亿元买进。第二年,中石油股价涨了1倍,巴菲特净赚了约23亿元,然而他一直将其拿在手里没有卖出。

直到2007年,中石油要回归中国内地发行A股,全世界对中石油发出了一片赞扬之声,中国投资者对于中石油的回归更是充满期望。当所有人都对中石油心存期待的时候,巴菲特却在香港股市上分批抛出了手中所有中石油的股票,卖价在12~14港元之间,赚了几百亿港币。这个时候的中石油股票仍然在上涨,有人认为巴菲特卖得太早了,少赚了很多钱,但是巴菲特却不这样想。后来,当中石油回归中国内地股市后,香港中石油的股价开始不断下跌。

巴菲特能被人称为"股神",不是说他真的就像神一样,知道股票的下一刻会是什么走向,只是他在买股票之前,一定会对自己所要投资的股票详细了解一番,然后才精准投资。由此可见,想要获得高额的收益,必须对股票的特点有所了解,精细地挑选股票,精准投资。投资者对各方面的风险都必须有足够的认识,密切注视风险的存在,采取有效的风险规避行为,去避免和消除(降低)风险。

在生活中,我们消费看中的就是物有所值。当某些商品价格下降的时候,你可能会多买一些;价格上调的时候,自然就会买得很少了,因为你觉得自己亏了,没有赚到便宜。但是在股市却是相反的,价格上调的话,有人就会把赌注加大在那些热门的股票上,如果价格下跌的话,那股民就深受其害了,有的甚至会血本无归。所以,股票可以帮你赚钱,但是它的风险太大了,在你准备投资某一种股之前,一定要慎重考虑,多方了解这只股的信息,遇到瓶颈的时候,要懂得及时离开才好,这样可以有效地规避风险。

价格策略:商家永远都有的赚

便宜从何而来

眼看夏天就要过去了,很多商场开始打折甩卖了。燕子去商场买衣服的时候发现,以前一件雪纺的连衣裙要170元钱,而现在甩卖价就只需要100元钱就可以拿回家了,还会送小饰品,并且一次性购买300元的商品,立

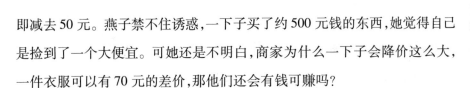

即减去50元。燕子禁不住诱惑，一下子买了约500元钱的东西，她觉得自己是捡到了一个大便宜。可她还是不明白，商家为什么一下子会降价这么大，一件衣服可以有70元的差价，那他们还会有钱可赚吗？

很多商家会在季末或者一些节假日的时候给商品打折或者是降价销售，就像燕子遇到的情况一样。其实不用困惑，商家是不会做亏本的生意的。在经济学中有专门的概念来解释这种现象，即价格策略。

价格策略就是指企业通过对顾客需求的估量和成本分析，选择一种能吸引顾客、实现市场营销组合的策略。物流企业的成本比较复杂，包括运输、包装、仓储等方面。所以价格策略的确定一定要以科学规律的研究为依据，以实践经验判断为手段，在维护生产者和消费者双方经济利益的前提下，以消费者可以接受的水平为基准，根据市场变化情况，灵活反应，制定决策。

在多数情况下，价格是买者作出选择的主要决定因素，在最近的十年里，在买者选择行为中非价格因素已经相对地变得更重要了。但是，价格仍是决定公司市场份额和盈利率的最重要因素之一。在营销组合中，价格是唯一能产生收入的因素，其他因素则表现为成本。

现实生活中，很多商家都是靠着这样的营销法赚钱的。有一个很著名的营销案例，就是靠着价格策略而一炮走红的。

蒙玛公司是很有名的一家公司，它在意大利是以无积压商品而闻名的，其实它成功的秘诀之一就是对时装分多段定价。它有一个规定，就是新时装上市，要以3天为一轮，凡是一套时装以定价卖出，就每隔一轮按原价削10%。以此类推，那么到第10轮（一个月）之后，蒙玛公司的时装价就削到了只剩35%左右的成本价了。这个时候，蒙玛公司把所有的时装都以成本价售出。因为时装上市还仅一个月，价格已跌到1/3，这样的优惠，难道还有人不买的道理吗？所以最后都是一卖即空。蒙玛公司最后结算，总是赚了很多。

在中国市场上,商家也深谙这门营销艺术,也有人这样做了,并且取得了很不错的效果。在哈尔滨市洗衣机商场规定,商场的商品从早上9点开始,每一小时降价10%。特别在午休时间及晚上下班时间商品降价幅度较大,吸引了大量上班族,在未延长商场营业时间的情况下,带来了销售额大幅度增加的好效果。

其实看似商家在不断减价,表面看着他们是在做亏本的买卖,其实最后赢利的还是他们。这样做会薄利多销,达到更好的效果。总之,价格策略是商家针对市场中不同变化因素对商品价格的影响程度采用的不同的定价方法,制定出适合市场变化的商品价格,进而实现定价目标的企业营销战术。

现在,物价在不断上涨,以前100元能买很多东西,现在100元买不了几样东西了。虽然东西贵了,但有些商品是大家生活中的必备品,是不得不消费的。粮食虽贵但不能不吃;水虽贵但不能不喝;电虽贵但也不能不用,所以这些必需品的价格必涨。但是在物价相对稳定的时间段里,有些东西的涨跌是商家的一种销售手段,消费者在消费的时候,一定要谨慎选择,精打细算的进行消费,免得掉进商家为你精心设计的"陷阱"里。要永远记住一句话:"买的没有卖的精!"别以为你会轻而易举地赚到商家的便宜。

第 **13** 章

管理经济学:卓尔不凡的管理理念

///

　　管理经济学是应用经济学的分支,它为决策者提供系统又逻辑的分析方法,是微观经济学的理论,是企业管理决策的桥梁,为企业管理者提供分析工具和方法。而对企业来说,经济学更能让管理者找到经营决策的方向。自 20 世纪 50 年代以来,"管理经济学"课程被国外愈来愈多的商学院及管理学院采纳为核心课程,是管理者的必修课,在培养及造就职业经理人和商界领袖的过程中,扮演着不可或缺的角色。

　　管理经济学是企业人士必备的基本常识,可以在经济学和企业之间架起一座桥,更加有效地管理企业。

///

绩效工资：提升工作效率的法宝

高工资不一定能换来高效率

杨先生是一家生产电信产品公司的总经理。在创业初期，他和一批志同道合的朋友，不怕苦、不怕累，从早到晚拼命干，公司发展迅速，几年之后，员工由原来的十几人发展到几百人，业务收入由原来的每月十来万元发展到每月上千万元。企业大了，人也多了，但杨先生明显感觉到，大家的工作积极性越来越低，也越来越计较了。后来，公司重新制定了报酬制度，大幅度提高了员工的工资，并且对办公环境重新装修了。高薪的效果立竿见影，杨先生的公司很快就聚集了一大批有才华、有能力的人。所有的员工都很满意，大家的热情高，工作十分卖力，公司的精神面貌也焕然一新。但这种好势头不到两个月，大家又慢慢回复到懒洋洋、慢吞吞的状态。杨先生很困惑，这到底是怎么啦？

杨先生的公司的高工资没有换来员工工作的高效率，所以杨先生才陷入了两难的困惑境地，既苦恼又不知所措。那么症结在哪儿呢？这就与经济学中常讲到的一个概念有关，那就是效率工资。

效率工资是指企业付给员工的高于市场平均水平的工资，这样的工资能够起到有效激励专业人员的作用，可以提高生产率与企业经营绩效，因此，这样的工资就是效率工资，也就是在这样的工资水平下，劳动力成本的相对收益是最高的。

工资与效率并没有绝对的正比关系，只是在一定范围内有类似的关系。人们挣钱的目的是为了花钱。工资太高，可能会引起高薪者的奢侈消费的欲望，不安心工作，结果效率下降。就像案例中杨先生的公司一样，他给员工高工资是想激励他们的工作热情，提高工作效率。刚开始的时候，大家的热情肯定很高，因为最初的激情还没有褪去，当时间久了，人们就会产生一种理所当然的态度，工作的效率自然就会低下了。如果杨先生采用的是效率工资，那这个问题就好解决了。

效率工资是单位效率上总劳动成本最小时的工资水平，也就是效率工资保证总劳动成本最低，这是人们对效率工资最确切的理解。效率工资具有可以相对提高员工努力工作、对企业忠诚的个人效用，提高员工偷懒的成本，具有激励和约束的双重作用。采用了效率工资后，员工努力工作的动机增强，而偷懒、欺骗等行为的动机则有所降低，可减少相应的监控成本。如今效率工资已经被很多企业采用，而且效果显著。

其实在我们的实际生活中，效率工资早就有人实行了。在20世纪初的时候，汽车大王亨利·福特就已经采用了这种工资管理制度，他给工人支付高工资的故事至今传为美谈。福特曾经说过这样一句话："再没有比工资更重要的问题了，因为这个国家的大多数人都是靠工资生活的，他们生活水平的提高决定着这个国家的繁荣。"

刘明在东莞有一家工厂，目前已经有400多名员工，按照不同员工的技术等级提供不同的工资待遇。他认为自己厂里的工资水平并不低，但员工的积极性一点都不高，工作效率很低，所以这就成了大问题了。后来为了提升工作效率，在酝酿了很久之后，他们厂开始实行"奖金制"，也就是工人的效率越高，其工资也就越高。果然，在实行这一制度后，工人们的工作效率明显提高了。

聪明的管理者都知道"效率高了，工资才会高"，如果说工作环境和条件都改善了，但没有把员工的工资奖金同工作目标相联系，同业绩挂钩，即每个员工在没有压力的情况下就能稳稳当当拿到高工资。那大家为什么要卖力干呢？工资一定要与效率挂钩，这样才能物尽所用，高工资就该创造高效率,这才是成功的管理。

人力资源管理:会用人才有好发展

先学会留人,然后再用人

园园毕业后就进了一家广告公司工作,她的业务能力很强,为公司做出了很多业绩。虽然来公司两年了,工资一直都只有 2500 元,但她每天做的工作却很多。这让她很郁闷,老板似乎也看出来了。过了一段时间后,她直接向老板提出了给她加薪的想法,并且说明了加薪的理由,同时她也做好了走人的准备。

没想到老板在听到她的理由后,不但没有叫她走人,还说因为她有勇气提出来,所以决定给她加薪了,而且每个月还会额外多给园园两天的假期。从那以后,园园的工作态度和工作效率明显提高了,老板对她的工作能力也越来越肯定了。后来想想,她觉得公司很人性化,所以就没有离开的想法了。

在上面的案例中,园园想要加薪的情况很多人都会遇到,只是每个人选择的方法不一样罢了。从企业老板的角度看,通过增加员工薪酬,可以使员工提高工作效率。如果当初他把园园炒掉,这势必对双方都不利,而经过加薪,双方实现了共赢,这是一个有智慧的管理者的做法。这也涉及了管理经济学中的一个概念,即人力资源管理。

人力资源管理是指为了完成管理工作中涉及人事方面的任务所需要的各种技能,包括:工作分析,制订人力需求计划,人员招募、培训及开发,薪酬管理,福利管理,绩效评估和沟通等。一般说来,人力资源管理的发展经历了人事管理、人力资源管理以及现在新兴起的人力资本管理等阶段。但不论名称有何不同,其关键都在于企业对待员工的理念的变化发展。

福利是指企业为了保留和激励员工采用的非现金形式的报酬。如果企业给的工资太低,会大大地降低员工的激情,导致员工对企业没有亲近感。企业要是能在工资外给予员工一些福利,这样不但有助于留住员工,还会激起员工的工作热情以及对企业的忠诚。

现在很多企业出现了一个共同的问题,那就是员工流失比较严重。陈经理是某公司的人力资源部负责人,近段时间他烦恼透顶,两位他所看重的公司业务骨干要走,他们离职的主要原因是他们认为现在所做的贡献远大于回报,而且事实的确如此。而公司则认为他们所取得的成绩是因为有公司做后盾,离开了公司,他们什么也不是。僵持一段时间后,两名业务骨干一气之下都走了。后来,公司的业务的确受到了一些影响。陈经理真不知道自己应该如何留住人才了。

高薪只是短期内人才资源市场供求关系的体现,而福利则反映了企业对员工的长期承诺。因此在企业里追求长期发展的员工,更认同福利而非仅仅是高薪。

上面案例中的老板成功地留住了园园,不仅仅是给园园加薪把她留了下来,更重要的是老板很人性化地额外给予了两天假期,这对园园来说是更好的福利。试问:这样的企业,这样的领导,还有员工会想着离开吗?

换个角度来说,企业老板之所以会这样做,一方面是因为园园的业务能力真的比较强,一个干了两年的员工肯定比一个新的员工有经验,创造的业绩肯定也会更高一些,所以老板认为留住一个老员工比招一个新员工所创造的价值更大;另一方面,这样做不但提高了员工的积极性,而且还培养了她对企业的忠诚,她会对企业有一种特别的感情,在以后的时间里,会为企业创造更高的效益。园园的老板是聪明的,他知道用福利留住员工,还能为企业创造高收益,这是一个双赢的结局。

企业总是趋利的,基于这个前提,老板们无时无刻不在考察着员工的忍耐力——即想方设法地降低支付给员工的薪酬,减少人工成本。而员工的忍耐度也各有各的不同,即使在某一限度内达到了平衡,最终也可能使员工产生这样的想法:老板给多少钱就干多少活。

企业财富是由员工共同创造的,企业利润要最大化地回报员工,要让员工共享企业发展成果,这样的企业才最具发展潜力。很多管理者都有体会:一个企业最重要的是先留住人,然后再去用人,招人不如留人。

规模报酬:合作就是力量

为什么三个和尚没水喝

从前有一座山上,里边有一间小庙,庙里有一个小和尚,还有一只水桶和一根扁担。小和尚自己每天都会去山里挑水,他一个人的生活过得安稳又自在。没过多久,庙里来了个长和尚。他一到庙里,就把小和尚辛苦挑的半缸水给喝光了。于是小和尚就叫长和尚去把缸里灌满水,长和尚却觉得自己一个人去挑水未免也太吃亏了,他要求小和尚和他一起去山里抬水。小和尚也没有异议,就两个人抬着一只水桶往水缸里注水,而且抬水时为了公平起见,还必须将水桶放在扁担的中间,虽然他们这样计较,但至少还是有水可以喝的。

后来又来了一个胖和尚,三个人把水缸里的水喝光了。等到大家都渴了的时候,问题就出现了。一根扁担只有两头,一个和尚可以挑水喝,两个和尚可以抬水喝,三个和尚的话,就不知道该怎么办了。结果水桶和扁担被丢弃一旁,三个和尚都没有水喝,最后都渴死了。

在我们取笑三个和尚的时候,我们有没有想过自己呢?其实现实生活中,这样的现象太多了。从这个故事中我们也可以明白这样一个道理:要做一件事的话,如果没制度做保证,责任不落实,人多反而办不成事。三个和尚为什么没水喝呢? 那是因为三个和尚都有一种心态,都不想出力,想依赖别人,在取水的问题上互相推诿。结果谁也不去取水,所以就没有水喝,最后大家都渴死了。

为什么三个和尚宁愿渴死也不去挑水呢? 这个问题自从有了三个和尚的故事后,就一直困扰着人们。其实很简单,用管理经济学中规模报酬来解释就一目了然了。一个人敷衍了事,两个人互相推诿,三个人则永无事成之日。这也就是三个和尚会渴死的原因。如果我们把这间寺庙看做是一个企业的话,这三个和尚就是员工,那么这个企业的弊病在这里就毫不掩饰地呈现出来了。

人们常说"没有规矩,不成方圆"。企业管理也是一样的,如果没有切实可行的管理制度,那么这个企业就像是一盘散沙,没有发展的余地。三个和尚之所以会渴死,就是因为他们在取水的过程中,没有管理约束制度。其实,三个和尚也可有水喝,只要稍加组织,建立轮流取水的制度,责任落实到人,违者重罚,这样就有水喝了。三个人有效地合作起来,形成一种制度,这样大家不但有水喝了,还会提高自身的责任感。

规模报酬强调的主要是内部协调、团结合作的重要性,缺乏团队协作只会使得团队进度缓慢甚至使整个项目失败。团队只有建立明确的管理制度,明确个人的职责和分工,并且团队之间要加强沟通与协调,这样才能使效率提升、事半功倍。

合作是一个问题,如何合作也是一个问题。企业里常会有一些人,嫉妒别人的成就与杰出表现,天天想尽办法进行破坏与打压。如果企业不把这种人除去,久而久之,组织里就只剩下一群互相牵制、毫无生产力的人了。

合作不是简单的力量相加,而是要通过合作形成一种良性的管理制度。

企业中,员工多少都会有私心的,大家都很害怕自己吃亏了,于是总把责任推来推去,这样无疑会阻碍企业的发展。

所以,要培养员工的责任心和对企业的忠诚心,监督他们的执行能力。员工不能有得过且过的心态。在竞争中还要有合作,这样企业才能有序地发展下去。

华盛顿合作定律要表达的意思就是合作的精神,如果一个人因贪图私利而与他人互相争夺,到最终损失的还是自己。而成功者的成功秘诀就是精诚合作,只有在一个团队里边,将大家的利益捆绑在一起,发挥大家的力量才能取得成就。如果一个人只懂得为一己之利,不懂得去奉献和合作,那么独自一个人会有什么发展前途呢?

企业管理者的智慧就体现在对企业中人的管理上,企业队伍要分工明确,奖罚分明。管理要做到事事有人做,而不是人人有事做,而且要通过大家的合作把事情做好。

地租理论:选址需要诀窍

麦当劳选址的学问

2004年1月,麦当劳在杭州天阳?明珠商业中心开了一家新店,让人难以理解的是,麦当劳把新店放在了地下层。于是很多人都有这样的疑问:麦当劳在这个地方能盈利吗?

很快这家店面门庭若市的盛况打消了人们的疑虑,麦当劳在选址方面的精明也又一次让人刮目相看。

只要是经常吃麦当劳的人都会有印象:几乎每一个麦当劳店生意都是很兴隆的。其实麦当劳生意兴隆的原因除了品牌的因素外,店址的选择也

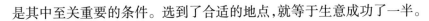

是其中至关重要的条件。选到了合适的地点,就等于生意成功了一半。

我们知道,只要是人流密集的商场几乎都有麦当劳,而每个分店的位置就是他们成功的关键。但如果各个商家都抢那些最繁华热闹的地段,那么好地方就只有出价最高的人能拿到,这是因为资源的稀缺性。

麦当劳的创始人雷·克罗克有一次在演讲完之后,问别人知不知道他是做什么的。很多人听到他这么问都笑了,有一个人大胆地说:"这个问题谁都知道,你是做汉堡的啊!"雷·克罗克听了笑着说:"其实我不是做汉堡的,我是做房地产的。"是的,雷·克罗克说得没错,麦当劳成功的秘诀就是选地点。这就和地租的问题挂上钩了,简单地说就是选择什么样的地方开店才能利益最大化。

地租是土地使用者由于使用土地而缴给土地所有者的超过平均利润以上的那部分剩余价值。马克思按照地租产生的原因和条件的不同,将地租分为三类:级差地租、绝对地租和垄断地租。而麦当劳选址就是极差地租的问题。

极差地租最早是由英国经济学家大卫·李嘉图提出来的。他提出这个理论的时候,还没有麦当劳,李嘉图是以小麦和地租为例来解释这个概念的。他认为,小麦的价格之所以会高,原因并不在于支付地租,但反过来,之所以要支付地租,是因为小麦的价格高昂。因为土地作为一种资源,它的供给是有限的。不管竞争导致土地价格有多高,能用来种小麦的土地是保持不变的。所以,土地的价值是完全由产品的价值控制的。

同样,麦当劳选址的原则就是尽可能方便顾客的光临。在美国,麦当劳公司除了在传统的区域和郊区来建立餐厅之外,还会在食品商场、医院、大学、大型的购物中心建立分店,如沃尔玛和家乐福这种大型的购物中心。在其他地方,麦当劳首先在中心城市建立麦当劳餐厅,然后再从中心城市向外辐射出网点,所以麦当劳做得很成功。

很多人说麦当劳的汉堡卖得很贵,就是因为麦当劳要支付高额的房租。麦当劳经营定位于年轻人、儿童和家庭成员,所以选址必须在这些人出没的地方或繁华闹市。影响麦当劳涨价的更主要的原因是肯德基等的竞争,如果麦当劳的食品太贵了,人们会把目光转向肯德基或者其他同行。当然房租是影响汉堡成本的重要因素,房租越高,那么平均在每份食品的成本也越高,但这并不是影响食品价格最主要的因素。

由此可以看出,开店一定要选择一个好地方,在开店之前,一定要经过一段时间的市场调查。通常一个店是否开都要经过3～个月的考察,考察的问题极为细致,甚至涉及店址是否与城市规划发展相符合,是否会出现市政动迁和周边动迁,是否会进入城市规划"红线"。进入"红线"坚决不能碰,老化商圈内坚决不设点。麦当劳就是这样做的,所以它的失败率很低,这样不仅保证了其生意兴隆,还让别的商家对它产生了很强的信心。

要当好一个管理者,就应该学会这方面的知识。运用地租的理念,为自己创造更大的利益。

不可思议的边际效益

罗斯福的第三块三明治

罗斯福是连任三届的美国总统,曾经有记者问他对此有何感想。总统没有急着回答记者的问题,而是拿了一块三明治给记者,让他吃下去。等记者吃完了,总统又拿了第二块给记者,碍于面子,记者勉强吃下去了。没想到的是,等他吃完了,总统又拿了第三块三明治给他,记者没办法,只好开口婉言谢绝了。这个时候,罗斯福总统才微笑着说道:"现在你知道我连任三届总统的滋味了吧!你现在的感想就是我的感想。"

不管是想上面案例中吃东西还是说做什么事情,当你重复好几次的去做同一件事情的时候,时间久了,投入的精力就会慢慢的减少。就像那个记者一样,刚开始吃第一块三明治的时候可能会喜欢,紧接着吃第二块就会有点勉强,再吃第三块就彻底的不喜欢了。总统连续三次给记者递三明治,就会产生一种边际效应,记者慢慢就产生了不喜欢的情绪,这就是典型的边际效应递减的状况。

边际效应,有时也称为边际贡献,是指消费者在逐次增加一个单位消费品的时候,带来的单位效用是逐渐递减的(虽然带来的总效用仍然是增加的)。

边际效应的应用非常广泛,比如用户购买或使用商品数量越多,则其愿为单位商品支付的成本越低(因为后购买的商品对其带来的效用降低了)。当然也有少数例外情况,例如嗜酒如命的人,越喝越高兴,或者收集古董的爱好者收藏了一套价值不菲的青花瓷杯子,那么这一套杯子中最后收集到的那只杯子的边际效应是最大的。

边际效益递减的例子在我们的生活中有很多,如吃东西。平时很饿的时候,你买了一袋包子,正好是 10 个。你在吃第一个甚至是第五个的时候,你都觉得非常好吃,非常香。到你吃饱的时候,剩下几个包子,你不想浪费,可是你也吃不下去了,一点感觉都没有了,甚至还会产生短时间再也不想吃包子的想法。可见,物质消费达到了一定的程度,人们就开始对这种状况的消费产生一种厌倦的心理。

面包可以解决饥饿问题,但是拥有的面包多了,它的作用就会越来越小了。再如,有一个很好玩的地方,是旅游时的一个比较好的去处。第一次你去了,你会觉得到处都很新鲜,你也会玩得很痛快,但是如果你去了好多次,你就会觉得不好玩了,那些景点也不新奇了。由此我们可以明白这样一个道理:为什么我们对身边经常看到的一些事物会有些熟视无睹,对在别人眼中的美景也会无动于衷。用边际效应递减来解释就一目了然了。因为你看见身边的人或者景物的次数多了,对它的注意力就会慢慢减弱,最后变成目中无物,没有什么特别的印象,有时候甚至还会厌烦,特别是一个长期熟悉的环境。

不光是生活中其他的事情会这样,其实在企业管理中也会有这样的情况发生。一个公司出台一个政策以后,刚开始往往管理或者规范效应十分明显,但是随着时间慢慢推移,这项政策的功能就会越来越小,越来越不适合企业管理的需要了,也就是说,政策的管理规范制约或者引导效应在不断减弱,这就是为什么企业管理制度每过一个阶段就要进行调整和更新的原因。

总之,只要你细心观察就会发现,我们身边有很多边际效应递减的例子,其中隐藏在背后的原因是千差万别的,但外部却呈现出一个很有规律性的东西,就是边际效应递减,只要掌握了这个规律,就为分析问题和解决问题提供了一个很好的工具。尤其是企业管理者,可以利用边际效应递减的概念,随时调整企业的管理制度,以此使企业更加完善、有序地发展下去。

考量利弊,管理好自身的机会成本

大学生毕业做"红薯郎"

李铿锵是中南林业科技大学的学生,因为家境贫寒,在大四的时候,他就开始计划找工作的事了。他一直希望自己毕业后的工资可以高一点,因为家中为了4个兄弟姐妹读大学已经借了8万元的外债,除了大哥参加工作有了微薄的薪水外,弟妹们的学习生活费用仍然是个巨大的缺口。可是等他毕业出来找工作的时候,他的第一份工作的薪水才1500元,除去自己的开销后,根本就没有多少剩余。

既然工资不高，那就辞职自己干，自己当老板，很快"卖红薯"这个念头就在他脑海中闪现了。2009年10月，李铿锵在北京游玩时意外发现了烤红薯的商机，他考察了北京一家卖红薯机器的企业后，决定买回机器，卖烤红薯、红薯干等产品，冠名"博士地瓜"，目标人群是在校大学生。在母校"试水"8个月后，收益远远超出他的期望值。不到一年，李铿锵用自己的品牌创立了10家连锁店，其中3家自营，7家加盟店，生意一直很火爆。

可能在很多人都不理解李铿锵的做法。从人力资本的投入上来看，卖红薯的工作是对人力资源的一种浪费。如果我们换一个角度去看的话，他的做法就很合乎情理了，这就关系到"机会成本"的概念。

在经济学中，"机会成本"是指在制定某项决策时必须做出一定的选择，而在被舍弃掉的选项里的最高价值者，就是这次决策的机会成本。我们都知道，决策应该选择最高价值的选项，它可以使得机会成本最低。当然，有时候也会有相反的情况出现。

人们一生都在做选择，成败得失几乎都由选择来决定。一旦某个人做了一种选择，他就得放弃选择其他的机会。当你选择了做学术研究，你就不能去从商、从政或干其他的事业。当你少年时代选择了玩乐无度，你就在某种程度上放弃了未来成功的机会。你为一种选择而放弃的另一种机会，就是你选择的机会成本。

人们常说"鱼与熊掌不可兼得"，说的就是这个道理。选择鱼就必须放弃熊掌，放弃的熊掌就是得到鱼的机会成本。机会成本是因选择行为而产生的成本，也称为选择成本。可见，机会成本决定着人们某种选择的方向。机会成本也广泛存在于任何个人、企业、政府的决策过程之中。在运用机会成本进行决策时，应该坚持机会成本最小的原则，以实现经济资源利用效率的最大化。

企业和政府在进行重大决策时，同样会遇到机会成本的问题。比如在某个旅游开发区，既有秀丽如画的风景，又有丰富的贵金属矿。为了发展当地的经济,政府有两个策略可以选择:一是建设旅游风景区,但是要保护环境;二是大举开发矿藏,但要牺牲环境。由此引发了当地的全民大争论。支持大力开发矿藏的人认为,这里高价值的矿石可以立竿见影地提升当地经济水平,提高当地的 GDP。然而,与之相对应的机会成本却可能会非常高。因为如果石矿开采导致环境破坏,旅游区建设就会夭折,这种机会成本是难以估量的。此刻,石矿的价值和旅游区的价值同样真实。

我们常说,要做出理性的选择,其实这就是以机会成本为权衡做出的决策。当你决定要不要换一份新工作时,你就得拿新工作的收入和其他条件与现有工作的收入和条件去做对比,因为你现有工作的报酬是你选择其他新工作的机会成本。机会成本越大,选择空间就越小,选择也就越难。许多人在一个工作岗位,就是因为机会成本太大。许多人一生最终碌碌无为,就是因为舍不得放弃机会成本去冒风险,结果到老时空留无限悔恨。这就是机会成本的代价。

机会成本不仅在生活中存在,在我们的管理学中,它也是值得研究和学习的。如果现在有一个企业很有发展前途,又刚好有不多不少的机会成本,那么这个企业以后很有可能有更大的发展。关键在于这个企业的管理者能不能做出一个好的规划,敢不敢把企业现有的机会成本从主观上降低,甚至降低至零而做出新的选择。否则,机会成本将把它变为一个毫无发展前途的公司,越到后来越悔之莫及。

沉没成本:坦然地正视损失

甘地扔掉的另一只鞋子

有一次,甘地乘坐火车出行,当他刚刚踏进车门时,他的一只鞋子不小心掉到了车门外,正当他想去捡起来的时候,火车正好启动了。就在这时候,甘地麻利地脱下了另一只鞋子,朝第一只鞋子掉下的方向扔去。旁边有人正好看见了,很奇怪甘地的做法,于是就问他为什么,甘地说:"如果一个穷人正好从铁路旁经过,他就可以拾到一双鞋,这或许对他是个收获。"

如果换成是一般人,鞋子掉下去了一定会懊恼一阵子,还会骂自己怎么如此不小心。但是甘地却没有这样做,既然知道不可能找回来了,还不如把另一只鞋子丢掉,这样还能成全别人,然后很坦然地面对自己的失去。这种情况就是我们常说的"沉没成本"。

"沉没成本"就是指过去已经发生的在任何条件下都无法改变的成本支出。通常,它主要是指厂商花在机器、厂房等生产要素上的固定成本。从固定生产要素的无形损耗程度看,这些固定要素会因技术进步或产品的更新换代而引起贬值,从而产生无法补偿的损失。沉没成本对于个人来说也很常见。在这里需要指出的是,有时候沉没成本只是价格中的一部分而非全部。

沉没成本的例子在生活中有很多,比如,你买了一张50元的电影票,是已经付款而且不能退票的那种。但是在你看了一半之后,发现这部电影没有什么意思,你对它一点兴趣都没有了,但是这个时候你买票的钱却不能拿回来了,所以这50元的电影票钱就成了沉没成本了。

我们遇到这样的状况,是因为我们有时候会有不理性的行为,但如果每个人都是理性的话,在做决策的时候就不应该考虑沉没成本的问题。就像看电影的这个例子,会有两种情况产生:一是你付钱之后,发现电影不好看,但是为了不浪费,你还是忍着把它看完;还有就是你发现不好看,所以就离开去做别的事情,不再看电影了。

这两种情况都是你已经付完钱后产生的,所以不再是你考虑钱的问题,而是你还需不需要继续看下去的问题。票已经买了,后悔也于事无补,所以应该以看免费电影的心态来决定是否再看下去。作为一个理性的经济人，选择把电影看完就意味着要继续受罪，而选择退场才是更为明智的做法。

沉没成本具有无关性，即不管企业如何对之做出决策，都难以改变，所以应对"沉没成本"，最明智的方法就是管理者在继续做出各种决策时，不再考虑沉没成本。当然，话说回来，一个企业无论如何都应该尽力减少沉没成本，这需要管理者首先努力避免失误的决策，能从企业、市场的诸多方面对项目做出准确判断。

有一些公司在明知项目前景黯淡的情况下，依然苦苦维持该项目，原因仅仅是他们在该项目上已经投入大量的资金（沉没成本）。因为花了钱而去做自己本不愿意做的事情是我们在消费中经常犯的错误：我们总认为真正消费了才对得起花的钱，但当你已有的投入是错误的话，接着做下去就是不理性了。既然都已经是过去的、不可以更改的事情，我们就可以把它们暂时搁在一边。不管沉没的是什么或有多少，这些都是无可挽回的损失，对未来而言，都已经没有意义。

不计沉没成本其实反映了一种向前看的心态，任何事情过去的都是历史，历史是不可能再改变的，但我们要以史为鉴，以后遇到同样的事情就要谨慎、少走弯路了。企业管理也是一样，投入的资金成了沉没成本，那就应该吸取教训，重新规划企业的发展目标，丢掉包袱，轻装上阵，这样才能有新的成功。

第 14 章

博弈经济学:夺得头筹的智慧比拼

古语有云,"世事如棋。"生活中每个人如同棋手,排兵布阵,如同在一张看不见的棋盘上布上一个个棋子,聪明谨慎的棋手们相互揣摩、相互制约,盘算利弊,人人争先,会下出诸多精彩纷呈、千变万化的棋局,走出不一样的人生!

博弈无时不在,无处不在,在学习、工作和生活的每个方面,人们都时刻面临着诸多选择,而在做出决定时,人们总要权衡利弊,希望做出最有利的选择。高考后你面临着填报志愿的选择,毕业后你面临着就业的压力或是从事哪种职业的选择,工作后你又面临着同事间优胜劣汰的残酷竞争,所以,在生活中,我们都要学会博弈。

纳什均衡理论，在利益追求中博弈

《美丽心灵》背后的故事

一部名为《美丽心灵》的奥斯卡最佳影片，在 2002 年的时候风靡全球。这部片子讲述的是美国数学家约翰·纳什的传奇一生。他的一生充满了坎坷与挫折，还不幸患上了强迫性精神分裂症。但他始终没有放弃自己的梦想，最终，上帝也眷顾了这个"怪人"。精神错乱困扰了他整整 30 年后，奇迹出现了，纳什终于康复，由"疯子"变回了"天才"。他的纳什均衡理论受到推崇，并被广泛运用。

1994 年，因为纳什将近半个世纪前写成的那篇只有短短 27 页的博士论文，瑞典皇家学会终于决定把当年的诺贝尔经济学奖授予纳什。

看看纳什的一生，就好像是一场人生博弈，他半生疯狂，在临近暮年的时候终于功成名就。

现代博弈论的形成和发展，都要依赖于纳什曾经发表过的关于博弈论的研究论文，他的著作为后来的理论奠定了坚实的基础。是他第一次证明了非合作博弈及其均衡的存在性，也就是著名的纳什均衡，从而揭示了博弈均衡与经济均衡的内在联系。

纳什提出来的是一种最常见的也是最重要的博弈理论。"纳什均衡"又称为非合作博弈均衡，主要描述博弈参与者的这样一种均衡：在这一均衡下，每个参与者都确信，任何一方单独改变策略，偏离目前的均衡位置，都不会得到好处。简单地说，就是无论其他人怎样做，各方对于自己的策略都很满意。在纳什均衡中，你不一定满意其他人的策略，但你的策略是应对对手策略的最优策略。纳什均衡中的各方绝对不会合作，而且总是认定自己无法改变对手的行动。

而社会、政治、经济等各个领域的任何一次博弈最终总会形成一个结果，达到一种平衡，比如一件衣服在买卖双方讨价还价后成交，这个成交价就是买方与卖方的平衡点。这样的结果被称为"博弈均衡"。

这个概念看似很空洞，其实我们生活中也是随处可见这种现象的。比如，在很多城市都可以看到这样熟悉的现象：在某一个地段上的商场十分拥挤，于是就形成了一个繁荣的商业中心。相对于这个地段来说，临近不远的街道却十分冷清，没有什么商场或者其他超市。这也是纳什均衡现象。

再仔细观察你还会发现，往往同类型的商家总是聚集在一起，在有肯德基的地方，临近不远肯定会有麦当劳，这两家店总是紧紧挨在一起做邻居；欧尚对面可能就是沃尔玛了。很多人不明白这是什么原因，按理说集中在一个地方，竞争压力会更大一些，但是这些商家就偏偏这样选择了。这些都是纳什均衡现象。

在博弈的过程中，每个个体都希望自己的利益能实现最大化，所以如果双方在博弈的过程中，有一方改变决策的话，那么利益就将会缩水。亚当·斯密曾经说过："通过追求自身利益，人们的行为常常会有效地促进社会利益。"

其实每个国家在国际贸易中都面临着保持贸易自由与实行贸易保护主义的两难选择。贸易自由与壁垒问题，也是一个"纳什均衡"。这个均衡是贸易双方采取不合作博弈的策略，结果使双方因贸易战受到损害。A国试图对B国进行进口贸易限制，比如提高关税，则B国必然会进行反击，也提高关税，结果谁也没有捞到好处。反之，如果A和B能达成合作性均衡，即从互惠互利的原则出发，双方都减少关税限制，结果大家都能从贸易自由中获得最大利益，而且全球贸易的总收益也增加了。

有时候"纳什均衡"的受益者可能是其他人。就像我们现在常说的某些商品为了争夺市场,商家不惜上演所谓的价格大战。在每一次战役中,战争的进程都是相似的,每个商家都会不惜一切代价采取策略,尤其是价格上,而最终的价格是谁都没有钱赚,因为博弈的商家的利润正好是零。这样竞争的结果就是稳定的,也是一种"纳什均衡"。

囚徒困境:哪个才是最佳策略

两个囚徒的对决

曾经有一位富人在家中被杀了,财物也都被盗了。警方在调查这个案子的过程中,抓到两个犯罪嫌疑人,还从他们的住处搜出了富人家中丢失的财物。可是这两个嫌疑人都矢口否认自己杀过人,说是富人被杀之后,他们只是顺手牵羊偷了点东西罢了。

为了弄清楚案子的来龙去脉,警方把两个人分开审讯。检察官说:"你们的偷盗罪确凿,所以可以判你们 1 年刑期。但是,我可以和你做个交易。如果你单独坦白杀人的罪行,我只判你 3 个月的监禁,但你的同伙要被判 10 年刑。如果你拒不坦白,而被同伙检举,那么你就将被判 10 年刑,他只判 3 个月的监禁。但是,如果你们两人都坦白交代,那么,你们都要被判 5 年刑。"

在博弈论中,流传最广的就是上面案例中这个叫做"囚徒困境"的故事。从中我们可以看出,最好的策略就是双方都抵赖,结果是大家都只被判 1 年。但是由于两人处于隔离的情况下无法串供。这样两人都选择坦白的策略,最终被判 5 年的结局被称为"纳什均衡"。

囚徒困境是博弈论的非零和博弈中具代表性的例子,是最能反映个人最佳选择并非团体最佳选择的一个理论。虽然困境本身只属模型性质,但现实中的价格竞争、环境保护等方面,也会频繁出现类似情况。

现在我们通常喜欢用"囚徒困境"来说明这样的道理:如果一个人自私地寻求利益的最大化,这并不意味着就能得到最好的结果,也不意味着由此可以促进公共和善。相反,只有合作才能获得最好的结果。

就像我们现在的家电市场一样,商家为了争夺市场,让更多的消费者买自己的产品,所以就引发了各种各样的竞争,尤其是"价格大战",但最终的结果却是"两败俱伤",甚至是"各败俱伤",谁也没有赚到钱,捞到好处,甚至还会使利润日益走低,甚至赔本。这种结局是最让人头疼的,如果他们在较高价格上有一种默契,就会得到不错的利润了,这样恶性竞争的"囚徒困境"才能有所缓解。

现在的市场环境就好像是"囚徒困境"。所谓市场经济可以通过"看不见的手"将自利人追求最大效益的行动转变为社会公益的论断,其实是需要有一个前提条件的。这就是:必须有有效的制度安排来排除自利人选择损人利己的行为。舍此条件,市场经济的优越性必将荡然无存。

亚当斯密提出"看不见的手",意思就是相信只要人是利己的,并且是在竞争的情况下,借助市场机制这只"看不见的手"的引导,必然可以实现"主观为自己,客观为别人"这一社会最优结果。他认为"背叛"是一种常态,所以提出了一个前提条件——竞争。市场有效的前提条件是竞争,而不能存在着广泛的合作,也就是说商家面对消费者时为了赢利,会背叛其他的商家。但是选择囚徒困境,会使得他们获得更多的利益,合作的力量就会变得无穷大了。

当然,任何事情都是具有两面性的,囚徒困境也会起到坏作用,最著名的公共草地的悲剧就可以证明。有一块草地向牧民是完全开放的,所以很多牧民都想多养一头牛,因为每多养一头就会增加很多的收益,这样也会很快赚回成本。但平均增加一头牛,就会导致整个草地的牛单位收益下降。

如果对于单个牧民来说，他增加一头牛是有利的，其他人受到了损失，他不用弥补。可是如果所有的牧民都想到这一点，都随意增加牛的话，那么草地将被过度放牧，从而不能满足牛的需要，导致所有牧民都无法获得收益。

这就是囚徒困境带来的负面作用，就像哈定说的那样，"在共享公有物的社会中，所有人都要追求各自的最大利益，这就形成悲剧。"

总之，囚徒困境引出的博弈论使人们对现实有了更清楚的认识。在博弈的过程中，要尽量避免囚徒困境带来的负面影响，努力达到共赢的局面。

智猪博弈：借助"大户"成就自己

两头猪的智斗故事

有两头猪，一头大猪和一头小猪，它们共住在一个猪圈里，每天都在为吃食竞争。主人在猪圈的左侧装了一个踏板，在右侧装了一个食槽。只要踩一次踏板，自动投食机就会向食槽投放一点饲料。这样，一头猪去踩踏板，另一头猪就会抢先吃到食物了。

如果小猪踩动踏板，大猪就会在小猪跑来之前把东西吃光了；如果是大猪去踩动踏板的话，它却有机会在小猪吃光之前跑来，抢到一点残羹。小猪在踩了几次后，发现每次自己都抢不到食，所以它就不去踩踏板。大猪饿得不行了，就只有自己去踩踏板。所以强壮的大猪每天都奔忙于踏板和食槽之间，而小猪则等在食槽旁边，坐享其成。

故事中的小猪是聪明的。对它来说，如果自己去踩踏板就意味着一无所有，不踩的话，会出现两种可能：一是大猪去踩，小猪自己就可以坐享其成了；二是大猪也不去踩，双方就干耗着，可能最终都会饿死。但是这样的结果和小猪去踩了，自己也没有吃到的结果并没有什么两样，所以小猪会选择前者。可是对大猪来说就不一样了，小猪去踩是最好不过的。如果双方都静观其变的话，吃亏的肯定是大猪，因为大猪的身体需要的能量比小猪多，所以它坚持不了多久。最后的结果就是大猪自己去踩，并且跑回来争食，这样虽然很累，但至少不会饿死。

这就是著名的智猪博弈理论，它的结论就是：在一个双方公平、公正、合理和共享竞争的环境中，有时占优势的一方最终得到的结果却有悖于他的初始期望。智猪博弈虽然是一种模型，但是它在生活中已经广泛地得到运用了。就像刚上市的新产品一样，在它的性能和功用还不被人所熟识的情况下，如果进行新产品生产的不仅是一家小商家，还有其他生产能力和销售能力更强的商家的话。那么，小商家完全没有必要自己倾力去宣传，只要紧紧跟着大商家的脚步走就可以了。

智猪博弈告诉我们，如果谁要先去踩这个踏板，就会造福大家，但是多劳并不一定就会多得。很多时候，我们会看到，在一些商场的旁边，会有一些小卖部，它的规模虽然不大，但是生意却很好，原因就是旁边有个大商场。大商场每次有什么活动或者新产品上架，一定会大力宣传。它旁边的小卖部不用什么宣传就可以做到被人关注，它可以和大商场卖同样的产品。由于大商场的成本费用比较高，它的某些产品的价格肯定要比小卖部高，如果是这样的话，同样的产品，人们肯定会选择比较实惠的，所以小卖部就和那只小猪一样，可以坐享其成，不用费力就会有很好的生意了。

如果要用一句通俗的话来形容智猪博弈的话，那"枪打出头鸟"是最合适不过的了。尤其是在群体活动中，代表人就是那头大猪，而最大受益者"小猪"则永远躲在幕后。如果成功了，小猪们就可以不伤皮毛地优先分到一杯羹；如果失败了，小猪们也可以发表一通"与我无关，我是受害者"之类的论调，让代表者"大猪"成为永远的牺牲者。

职场中这种现象也是不可避免的，"智猪博弈"损害的都是一些辛苦、能干的人。作为一个职场人,在做好自己工作的同时,也应该要了解一下博弈论,在这个纷繁复杂的社交圈,要学会切实维护属于自己的利益。

智猪博弈反映的其实就是搭便车的现象。在现实生活中,很多人都只想付出最小的代价,去得到最大的回报,争着做那头坐享其成的"小猪"。谁都不愿意自己甘冒风险而为别人带去好处,可是如果每个人都不想付出劳动,不愿承担起"大猪"的义务,那么最后每个人都无法获得利益,所以智猪博弈的前提条件就是有一方愿意承担起"大猪"的义务。在小企业经营中,学会如何"搭便车"是一个精明的职业人最为基本的素质。在某些时候,如果能够注意等待,让其他大的企业首先开发市场,是一种明智的选择。一个高明的管理者要善于利用各种有利的条件来为自己服务。

懦夫博弈:狭路相逢勇者胜

谁是真正的勇士

有一部电影,里面的两个主人公 A 和 B 为了比谁的胆量大,两个人站在飞驰的火车顶上。双方立下的规则就是当火车开入隧道的时候,谁要是先躲避的话,谁就认输了。但如果没有及时躲避的话,就会被撞得粉身碎骨。在这场博弈中,胜利者虽然是英雄,但是极有可能因此付出生命的代价;失败者会被认为是懦夫,但却可以保住生命。最后的结果是 A 赢了这场比赛,而 B 就成了大家眼里的"懦夫"。

人们常说:"狭路相逢勇者胜。"而上面案例中的这种现象叫做"懦夫博弈"。

懦夫博弈也被人称为"斗鸡博弈",常常用于刻画一种骑虎难下的博弈局势。它与其他的博弈不同的是,博弈双方如果有一方坚持要进行博弈,那么另一方也难以退出博弈，退出博弈也会被视为"懦夫"。这样的博弈就是冒险选择不放弃的一方，他如果获胜的话，那么这种胜利就是建立在对方的失败和痛苦之上的。

我们常在电影里面看到的这样的情节：某赛车比赛，规则要求选手 A 和 B 的车同时驶向对方，这样会有撞车的危险。如果说其中有一个人在最后的那一刹那把车转向了，那么这个人就会输掉比赛，就会被视为"胆小鬼"，也就是所谓的"懦夫"；假如 A 和 B 都不转向的话，两车就会撞在一起，两个人不是死就是伤，是两败俱伤的结局；而两个人要是都将车转向的话，在这场博弈中就没有获胜者了。虽然是电影情节，但是现实生活中也会出现这种情况，两辆车相向行驶在一条狭窄的公路上，互不相让。从博弈取得成功的结果来看，应该说双方采取一种合作态度，是最佳的选择。

假如参与博弈的一方是个鲁莽、不顾后果的人，而另一方却是一个足够理性的人，那么鲁莽的那个人极可能是博弈的胜出者。如果这种懦夫博弈进行的次数越多，则冒险选择向前而成功的参与人就更有信心在将来采取这种策略，他很可能会树立起一种粗暴的形象使得对手在未来的对局中害怕而获得好处。这样的例子在商业领域里是最常见的。

两个企业之间进行价格战，刚开始的时候，最简单的办法就是树立鲁莽、野蛮的形象，来威胁对手。就像 20 世纪 70 年代的美国通用食品公司一样，他们采用的就是懦夫博弈的手段，成功夺得了速溶咖啡市场的份额。

然而，世事无常，人生如棋，每个人就好像一粒棋子，一定要懂得进退的规则，一旦冒然前进，就等于是将自己的弱点暴露给对方了。人们在生活中难免会遇到进退两难的境地，这时候就需要做出果断而理智的选择，是勇敢前进，还是妥协退让。其实，攻守平衡，退让自如才是博弈的最高境界。

所以，人在前进中不要忘了退守，给自己多留一条后路，这才是成功做事的要领，更是智者的选择。

爱中也分输赢，掌控爱情博弈

"剩女"是怎样练成的

杨晓燕是一个高收入、高学历、高龄的"三高人士"。她曾是众人眼里的骄子，如今却因为未婚的身份，让她陷入了另类的尴尬。她曾在大学一年级的时候谈过一次恋爱，后来因为两个人的性格都特别要强，所以就分手了，但是她却一直不能忘记自己的初恋。因为受了第一次恋爱的影响，她后来就没有谈过恋爱了。

毕业后，在父亲的帮助下，她进了一家世界五百强企业。丰厚的薪酬，规律的生活，让杨晓燕感到踏实安心。但眼看着年龄越来越大了，在父母的催促下，她开始了相亲的历程，但每段感情保持的时间都不长。其中最长的一段保持了一年左右，都准备谈婚论嫁了，最终因为买房问题产生分歧，导致两人分手。杨晓燕说：每一次的恋爱，她都会很用心，但总是感觉不对。后来相亲的次数多了，她就再也不愿意去了。所以，杨晓燕的归宿就成了他们家最大的难题，她成了别人眼中的大龄"剩女"。

"剩女"，是现代社会给那些大龄未婚女青年的称号，她们也被称为"三高女"。现在"剩女"的盛行已经成为一种社会现象了。这些人一般具有高学历和高收入，条件优越。比她们年纪大的女人，孩子都在上学了，比她们年纪小的也都高高兴兴地嫁人了；比她们聪明的没她们漂亮，比她们漂亮的没她们聪明，可偏偏被剩下的就是她们。

很多人都在疑惑"剩女"究竟是怎么来的？按理说，她们都是特别优秀的人，应该是最抢手的，为何会被剩下呢？其实用经济学博弈论中的一个概念就可以解释了，那就是爱情博弈。

所谓爱情博弈就是指一对恋人好比一对囚徒，囚于情丝编织的牢笼里面，并在牢笼里上演爱情的博弈，谁输谁赢，靠的往往不是情深爱笃，而是博弈手段的高低。而我们说的"剩女"，很多人就是这场爱情博弈中的失败者。

有的人说，"剩女"是被她们自己给制造出来的。因为她们独立，有工作，有房子，有车子，普通的男人不敢往旁边站。至于那些优秀的男人，她们更是不急着去追求，时尚、品牌、健身房逐渐成了"剩女"们的追求了。其实最大的原因是这些剩女在爱情这场博弈中输了，她们自己把自己困在了牢笼里面。因为她们的身份、地位，所以她们的爱情观与其他人是不同的，很多交往中的恋人，由于女方是有高收入、高学历的，而男方却是一个什么都很平凡的人，他们之间的差距就随着各种原因变得越来越大，最后矛盾分歧就出现了，很多女孩也就渐渐被剩下了。

安妮是典型的"白骨精"，但她也是一个30岁有余的"剩女"了。当初她从一所时尚专业院校毕业，成为一家品牌公司的员工。她用了不到两年的时间，凭着自己的专业水平，跻身该公司的管理层。自此以后，她的生活发生了质的转变。有了丰厚的工资和时尚的衣着，一时之间，她成了亲朋好友羡慕的对象。

她年龄渐渐大了，她从一个"优质女"变成了别人眼中的"剩女"。后来通过相亲，安妮也交了一个男朋友，但是这位男生不管是工资还是学历都比安妮低一些，身边的人都觉得男孩配不上安妮，但是安妮不在乎这些。刚开始两个人的关系很好，后来交往的时间长了，两个人因为一点小事就开始争吵，最后变得连话都不怎么说了。两个人也不提出分手，就一直耗着。

爱情博弈，是一场高智商的博弈，博弈双方既是"合作伙伴"，也是"竞争对手"，想要赢得这场博弈，就必须掌握其规律并能驾轻就熟地操作它。恋人之间的博弈通常会造成三种结果：两个人同时说不爱对方，缘分走到尽头，好聚好散；两个人都还爱着对方，幸福美满地生活下去；一方已经不爱，另一方却还在困境中苦苦等待。

如果女孩们想走出"剩女"的行列,就要学会爱情博弈中的战略原则:善意、宽容、适当强硬、简单明了等。只有掌握好这些原则,你才能在博弈中胜出,才能拥有属于自己的幸福。爱与不爱,幸福与不幸福,都只是一种感觉,只要每个人都愿意走出困境,找到与自己相伴一生的那个人,那么还会有这么多的"剩女"吗?幸福是靠自己去争取的,生活和爱情都是一场博弈,谁输谁赢,不是你的筹码有多大,而是你要知道什么是自己应该把握的,什么是自己最重要的筹码。

混合策略:智慧的"随机"也是手段

聪明反被聪明误

战国时期,宋康王整天喝酒,性格异常暴虐。只要是大臣们来进谏的,他都找理由把人关起来,渐渐地大臣们就开始非议他。宋康王觉得很苦恼,就问宰相唐鞅:"我已经处罚了那么多人,为什么其他人不但不怕我,还到处议论我呢?"唐鞅回答说:"因为大王你治罪的都是一些犯了法的人,所以没犯法的人当然就不会害怕了,要想让别人害怕您,就要处罚一些好人,那样的话,大臣们就自然会害怕了。"

宋康王也是一个聪明的人,听了唐鞅的话以后就恍然大悟了。不久之后,他就下令把唐鞅杀了,果然大臣们都十分害怕,每天上朝时都战战兢兢不敢多说一句话。

看了上面的故事,我们会说唐鞅是"聪明反被聪明误",但是换一个角度去看问题,唐鞅提出的这个办法,虽然在道德上来说显得有些不人道,但确实解决了宋康王的难题,而且效果显著。能预测的惩罚,大臣们总是会想方设法的去规避,倒是那些无法预测的让人防不胜防,所以大家才会害怕,才会提心吊胆。唐鞅提出的这个办法,用经济学中的一个概念来解释就是混合策略。

在完全信息博弈中,如果在每个给定信息下,只能选择一种特定策略,这个策略为纯策略。如果在每个给定信息下只以某种概率选择不同策略,称为混合策略。混合策略的核心就是随机缺乏行为的支持,但人们很少会凭运气做决定的。

在博弈论中,有一个警察与小偷的博弈故事,它是最能反映混合策略的精髓的。

在一个小镇上,只有一名警察,他负责整个小镇的治安。在小镇最繁华的街上,东边是一家酒馆,西边则是一家银行。一天,有一个小偷准备去偷东西,因为无法分身,警察一次只能在一个地方巡逻;而小偷也只能去一个地方。警察想要抓住小偷就必须去小偷盗窃的地方,如果小偷选择的是没有警察的地方,那么他就可以盗窃成功了。

银行需要保护的财产价格为 10 万元,而酒馆的财产价格为 5 万元,现在让警察头疼的是,不知道怎么巡逻才能使效果最好?其实大家都认同的做法就是警察对银行巡逻,这样可以保证银行的财产不被偷窃。但如果小偷去了酒馆的话,就一定会偷窃成功了。想来想去,警察和小偷都用博弈论的知识来解决自己的问题。

警察的一个最好的策略是,抽签决定去银行还是酒馆。因为银行的价值是酒馆的两倍,所以用两个签代表,比如抽到 1、2 号签去银行,抽到 3 号签去酒馆。这样警察有 2/3 的机会去银行进行巡逻,1/3 的机会去酒馆。而在这种情况下,小偷的最优策略是:以同样抽签的办法决定去银行还是去酒馆偷盗,与警察不同的是抽到 1、2 号签去酒馆,抽到 3 号签去银行。这样小偷有 1/3 的机会去银行,2/3 的机会去酒馆。

警察和小偷是从不同的角度计算最佳混合策略的,他们博弈具有同样的成功概率。也就是说,警察若采用自己的最佳混合策略,就能将小偷的成功概率拉到他采用自己的最佳混合策略所能达到的成功概率。

我们经常玩的一种猜拳游戏也是属于"混合策略","剪刀、石头、布"是最形象的样板。在这个游戏中,对每个博弈的人来说,出"剪刀"、"布"还是"石头"的策略应当是随机的,不能让对方知道自己的策略,甚至是策略的倾向性。一旦对方知道自己出某个策略的可能性增大,那么在游戏中输的可能性也就增大了。

还有一种常见的混合策略样板就是猜硬币游戏。比如在篮球比赛开场前,裁判将手中的硬币抛掷到空中,让双方队长猜硬币落下后朝上的是正面还是反面。由于硬币落下地的正反是随机的,概率都是1/2。那么,猜硬币游戏的参与者选择正反面的概率都是1/2,这时博弈达到混合策略纳什均衡。

这种博弈与囚徒困境博弈案例有很大的差别,因为它没有纯策略纳什均衡点,只有混合策略均衡点,恰好这个均衡点下的策略选择是每个参与者的最优(混合)策略选择。

我们与人博弈时,也要学会选择混合策略,因为每个参与者并不在意自己的任何具体策略。重要的是,一旦有必要采取混合策略,就要找出你自己的策略,要让对手觉得他们的任何策略对你的下一步都没有影响,这样你才能取胜,才能规避博弈中的负面影响。

动态博弈,"顺序"也是种心机

古董商买猫

有一次,一位很有经验的古董商到处游玩,在一家小商店里面,他发现了很多奇形怪状的东西,古董商很喜欢这家店的东西,所以到处观看。突然他注意到商店门口有一只猫正在从一只碗里面喝牛奶,古董商高兴极了。但他欣喜的不是那只猫,而是那只因为暴晒已经看不清真正面貌的碗,那不是一只普通的碗,古董商确定那是一件宝贝,所以他就决定收购这只碗。关于如何要得到这只碗,他拟了一个计划,于是他向店主说道:"你的猫非常可爱,我想买了它。"

店主说"你只要付 40 美元就可以了。"虽然说 40 美元买一只猫是有点贵,但是考虑到那只碗,古董商还是付了钱。成交之后,古董商装作不懂地说:"这个碗猫已经用习惯了,你就一起送给我吧!"店主一听,急切地说:"不行,你不知道我用这个碗卖出去多少只猫了吗?也许你不信,一个星期之内,我就卖掉了 12 只猫了,所以我不能送给你。"店主把话说得死死的,一点没有商量的余地,古董商十分沮丧地离开了。

古董商的如意算盘最终还是失败了,事情远远超出了他的预料。看似他要胜出的一场博弈,到最后却输了。为什么会出现这种情况呢?明明是要赢的局面一下子就输了呢?其实这就是一个动态博弈的典型例子。

动态博弈是指参与人的行动有先后顺序,而且行动在后者可以观察行动在先者的选择,并据此做出相应的选择。但是动态博弈有一个最大的困难,那就是在前一刻还是最优的决策在下一刻可能不再为最优,因此在求解上发生很大的困难。就像案例中的古董商一样,他的计划原本是最优的,但是在后面的博弈中就变成负面的了。他在买猫之前,想到的是如何顺利得到那只碗,他和店主之间的博弈就是一个信息动态博弈,是一个信息不对称的动态博弈的体现。古董商事先知道碗是古董的这一信息,但他认为这个店主是不知道这一信息的,如果真的是这样的话,这种"信息不对称"对古董商来说,就是非常有利的。可是他没想到的是店主不但知道这个信息,而且还利用他"认为对方不知道"的错误思想赚了一大笔钱,古董商本来是想占便宜的,到最后却成了吃亏的人。信息不对称的动态博弈使古董商陷入了劣势,而店主倒成了一个"完全信息者",从而在这场博弈中处于有利的地位。

由此可见,动态博弈行动是有先后顺序的,不同的参与人在不同的时间点行动,先行动者的选择影响后行动者的选择空间,后行动者可以观察先行动者做了什么选择。因此,为了做最优的行动选择,每个参与人都必须思考什么样的选择对自己才是最优的。

关于动态博弈还有一个典型的例子,就是海盗分金。有五个海盗抢到了100颗宝石,每一颗都大小一样,价值连城。他们决定这么分:抽签决定自己的号码(1、2、3、4、5),首先,由1号提出分配方案,然后大家表决,当超过半数的人同意时,按照他的方案进行分配,否则将被扔进大海喂鲨鱼。

如果1号死后,再由2号提出分配方案,然后剩下的4人进行表决,当超过半数的人同意时,按照他的方案进行分配,否则将和1号一样,被扔入大海喂鲨鱼。以此类推,每个海盗都是很聪明的人,都能很理智地做出判断,从而做出选择。但在这场博弈中,最危险的是海盗1号,他要提出的意见要使半数以上的人同意,如果不能分到宝石,至少也不能丢掉性命。

在我们的现实生活中也是一样的,生命比钱重要,而当"分配者"也是不容易的,要把各方面的问题"摆平"。任何"分配者"想让自己的方案获得通过,关键是事先考虑清楚,"挑战者"的分配方案是什么,并用最小的代价获取最大收益,团结"挑战者"分配方案中最不得意的人们,是聪明人应有的智慧。

第 15 章

避开经济陷阱：要学会精明不上当

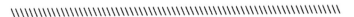

　　在市场经济迅速发展的条件下，人们学会了用自己的智慧去赚取更多的金钱。往往在这时候，有些人都会精心设计陷阱和圈套，让没有思想准备的人跳进去，从而输掉自己的财产。

　　这里，不是教给大家去布置陷阱，而是让大家看清世事，认清经济圈里的一些丑恶现象，只有这样，我们在一些关键环节才能做出理性的决策和判断，才能更好地行走于社会中。

了解垄断，小心深陷其中

一边拨打一边心疼的漫游费

小琪在北京工作，过春节的时候回到老家山西，因为过完年要回北京继续工作，所以为了方便，回家就没有换手机号。但是烦恼的事接着就来了，在山西打手机，漫游费很高，比本地通话高出很多。小琪卡里面充值的200元话费，在一个星期内就没了，这让她非常不理解，为何会有这么高的漫游费？

自从手机开始广泛使用之后，手机漫游费居高不下已是个不争的事实。多年来它让消费者是又爱又恨。喜欢用手机是因为它方便，不必出门可以和人联系；讨厌它自然是漫游费用颇高，比本地通话费高出许多的"漫游费"让人打电话时一边"拨打"一边"心疼"。

所谓手机漫游费就是指移动电话用户离开了原登记的移动服务区，进入其他移动业务服务区后仍能继续使用移动电话所需要交纳的额外的费用。

手机漫游费由来已久，其主要由于用户漫游所产生的成本高于本地通话产生的成本。移动运营商对漫游用户收取一定额度的漫游费无可厚非，但是在我国，连续多年的高漫游费让消费者十分不满。这在经济学中叫做"垄断"，移动的做法就近似于垄断。

那什么是垄断呢？垄断来自于孟子"必求垄断而登之，以左右望而网市利"这句话。它的愿意是指站在市集的高地上操纵贸易，后来泛指把持和独占。在资本主义经济里，垄断指少数资本主义大企业为了获得高额利润，通过相互协议或联合，对一个或几个部门商品的生产、销售和价格进行操纵和控制。

经济学的垄断一般指唯一的卖者在一个或多个市场上,通过一个或多个阶段,面对竞争性的消费者。由于垄断者是其所生产产品的唯一卖者,可以通过控制产品价格,或者产量来使自己的利益最大化。

在中国的通信业中,中国的移动公司、联通公司就属于典型的行业垄断。后来中国铁通公司又并入了中国移动公司,电信业实行了新的重组,还一并推出了很多新的套餐。对于铁通和移动的重组,有人调侃说"合来合去仍挨宰,分分秒秒搞不清,漫天开价自己定,厘厘毫毫都不放"。

有一个例子可以说明中国通信业中存在的垄断。2005 年中国移动公司公布的利润是 535 亿元,其中漫游费收入为 490 亿元,令人吃惊,而据有关人士提供的材料,它的成本几乎是零。如果说一次性取消漫游费的话,对于移动这样的上市公司来说,它的股价暴跌将足以酿成股市的一次"海啸"。

所以不管是合并还是重组,这些运营商们都是不断地靠垄断优势来坚守着自己的利益堡垒。现在的漫游费成本几乎为零已经不再是一个秘密,但是消费者的漫游费却一直继续交着。由于这些通信行业的垄断优势,始终没有在市场上形成有效的竞争格局,漫游费始终降不下来,更别提取消了。

亚当·斯密曾经对商业垄断做过特别贴切的描述,他说:"不论是在哪一种商品和制造业上,商人的利益在若干方面往往和公众利益不同。一般来说,商人的利益在于欺骗公众,甚至在于压迫公众。事实上,公众亦常为他们所欺骗、所压迫。"所以,在任何行业里面,都会有垄断存在,虽然有行业反垄断法,但是有些垄断也是一种社会经济形态,有着它存在的必然性。

在我们诉求行业垄断的同时,还需要用超越垄断暴利的眼光,看待包括漫游费在内的整个通信资费价格的极度不合理。因为廉价通信服务所能带来的不仅仅是满足消费者的通信需求及支付合理的通信成本,它的另一个较隐蔽的功能是,有利于各种信息不加控制地快捷传播。通信成本越低,信息的传播越快捷。

在这样的情形下,人为抬高通信成本,譬如维持相对较高的通信成本,则有可能减小信息的传播范围和传播速度,其作用相当于以资费做门槛,间接设置起一道别样的"信息屏蔽门",进而有碍经济、社会的发展。反之,就会在一定程度上促进社会信息化的发展。

价格歧视,警惕被另眼相看

一分钱一分货

一天,小杨去超市里买东西,看到促销员将一些饼干免费拿给顾客品尝。其中有两盒饼干是一个牌子的,促销员先从一个标价是 20 元的盒子里取出一些饼干给顾客吃,顾客品尝后说:"味道不错";然后促销员又从一个快空了的盒子里取出一些饼干给他们吃,但是这盒饼干的价钱是 45 元。在尝完饼干后,顾客都说:"这种饼干味道更好,看来还是一分价钱一分货,贵的还是要好一些。"很多顾客都纷纷买了贵的那种饼干。听到别人都这么说,小杨也觉得还是贵的饼干好吃,所以也去购买了这种吃起来味道更好但价钱更高的饼干。

很多人都相信"一分钱一分货",比较贵的东西才有保证,即使是同一类商品,买的人还是会选择贵的。就像上面的案例一样,同样是一个牌子的饼干,大家都认为贵的饼干好吃些,便宜没好货。这种现象,我们可以用经济学中的一个概念来解释,那就是价格歧视。

"价格歧视"是一种常见的定价现象。实质上就是一种价格差异,通常指的是同一商品在不同地点、不同时间定价可以明显不同。由于销售背景的差异,使消费者情愿或非情愿地接受歧视,购买商品。比如,同样的一瓶可乐,在街头、景点公园、饭店的售价可以各不相同。

经营者没有正当理由,就同一种商品或者服务,对条件相同的若干买主实行不同的售价,则构成价格歧视行为。价格歧视是一种重要的垄断定价行为,是垄断企业通过差别价格来获取超额利润的一种定价策略。

虽然有些商品的定价很高、很贵,但是也有人愿意出高价买,特别是一些"名牌"的产品。虽然贵的东西不见得就好,但是"名牌"产品除了具有与一般产品同样的使用价值以外,还可以为消费者提供精神上的满足,所以很多消费者在"名牌"商品面前,就愿意多花钱。

关于价格歧视,在我们的生活中随处可见。比如,很多餐厅都会赠券,还有 VIP 打折的制度;旅行社规定购买"家庭票"或者"夫妻票"要比分别单买的票要便宜;超市里面的"一元一件,四元五件"的活动,这些属于"价格歧视"。商家根据顾客购买商品的多少来实施"价格歧视",同样也能促进销量。

现在很多人手上都有会员卡,它可以让消费者享受到不同的优惠。如果是在商场里面买衣服,有会员卡的一般可以享受到 8 折的优惠;在超市买东西的时候,也可以享受到折扣。

很多生产商或经销商最开始的时候,会锁定具体的消费者,探索一个适当的价格水平,使得价格和数量都十分符合这一消费群体的要求,最终获得利润的最大化。

任何事物都有它的两面性,关于"价格歧视"也不能把它全部定义为贬义的歧视性行为。有时候,在运用价格歧视增加商家利润的同时,也无形中增加了消费者的福利,这样就形成了一种双赢的局面。

很多消费者在商场可能会发现这种现象,一些厂家对一种商品按不同数量进行分组,制订不同的价格来实施"价格歧视",在销售领域为企业赢得规模经济。比如,一些乳酸类产品,1 盒酸奶的价格为 6 元,但是 3 盒捆绑价格才 13 元。所以,消费者根据实际需求,避免单项选购,就可以省钱。

还有很多超市和餐厅,会在不同时段推出不同的价位消费,尤其是一些娱乐场所,消费者可以减少高价格消费,做到少花钱却能享受到同质的服务。总而言之,很多事情是不能看表面的,就像"价格歧视"一样,消费者在进行消费的时候,要看清"价格歧视"背后的秘密,要学会用它为自己带来便利和利益。

信息不对称,卖家总是赢家

姐妹俩的另类销售法

有一对姐妹,开了一个服装店,她们对每一位顾客都非常热情。妹妹每天都站在门口向过往的人推销,但是这对姐妹的耳朵似乎都有点"背",总是听不清顾客的话。

常常是妹妹热情地把顾客拉到店中,并向顾客反复介绍某件衣服是如何物美价廉,穿上后是如何得体、如何漂亮。大多数顾客经她这么劝说一番之后,总会有意无意地问:"这衣服多少钱?"

"耳聋"的妹妹就把手放在耳朵上问:"你说什么?"

顾客误以为她耳聋,就提高声音再问一遍:"这衣服多少钱?"

"你是问多少钱呀,十分抱歉,我的耳朵不好,您稍等一下,我问一下老板。"这时候,妹妹就会大声向姐姐喊道:"这套纯毛 XX 牌的衣服卖多少钱呀?"那位姐姐听了之后,看看顾客,再看看衣服,然后说:"那套衣服 90 元。"

然后妹妹回头微笑着对顾客说:"70 元。"顾客一听,赶紧掏钱买下衣服,乐滋滋地离开了。

有一句俗话:"从南京到北京,买的没有卖的精!"这话自有它的道理,就像上面故事中，顾客觉得姐妹两个因为"耳背"的原因，让自己是捡了个大便宜。其实，这姐妹两个的耳朵一点也不聋，她们深知，行销不光是销售的艺术，不光是说服顾客来买就够了，而且要为顾客营造一种价值感即使消费者对自己购买的产品感到满意，感觉自己的购买抉择是明智之举，这是极其关键的一点。事实上，顾客的确从购买行为中获得了价值感，心中自然感到十分得意。当然，姐妹两人采用这种方法经营得非常成功，赚了不少钱。可为什么顾客每次都能相信呢？难道他们就不会怀疑吗？答案是不会！其原因可用经济学上面的信息不对称来解释。

一般而言，卖家比买家拥有更多关于交易物品的信息。信息是在各个领域都存在的，大到国家经济政策、股市汇市，小到市民上街买菜，都离不开信息的传播。

信息在信息经济学中一般分为公共信息和私有信息。公共信息也就是大家或者是相关的人都知道的信息，就是我们在买东西时，看到的产品的外观和颜色，还有名字，这样的信息一般都是公有信息。顾名思义，只有某一方知道，而其他人全不知情的隐藏信息就是私有信息。比如，购买的产品是否具有严重的缺陷等，只有对这种产品十分了解的卖主才能知道，这样的信息对他而言就是私有信息。

现实生活中，存在很多信息不对称，正是因为私有信息的存在，所以信息不对称才会在我们的生活中成为普遍现象。举一个简单的例子，很多人喜欢在二手商品交易市场买东西，那买主对二手商品的熟悉程度肯定不如卖主清楚，二手商品的质量是不是存在着严重的缺陷，这些信息都是无法从商品的外观、颜色及名字上面可以获得的，这时买卖双方就存在信息不对称。

"买的没有卖的精"，都是因为卖的人心中有底，而买的人心中无数。双方为了各自的利益，卖的人与买的人永远是一对矛盾体。很多时候，在利益的驱使下，消费者一不小心也许就会陷入商家精心设计好的陷阱。商家这样做的目的不只是为了将产品卖出去,更重要的是让顾客从购买行为中获得价值感。这样做的好处就是顾客很可能成为回头客。

当然,信息不对称不仅包括一方不了解另一方所知道的信息,还包括在一定的条件下,一方的行为是另一方无法观察到的情况。这种难以观察到的行为,在经济学中被称为"隐蔽行为"。比如,对于上市公司聘请的职业经理人,股东无法保证他们所做的每项决策都是在为公司和股东谋取利益,而不是为其个人谋利。要减少信息不对称的情况,知情的一方就要尽量的把信息公开化,尤其是与企业利益关系很大的信息。

要减少信息不对称而带来的负面影响,最好的办法就是减少私有信息的存在,尽量把私有信息变成公共信息"。俗话说,"知己知彼,百战不殆。"消费者在进行消费之前,要尽量多方面地去了解你所需要购买的商品,掌握更多关于商品的信息,这样就能减少在购买它时的信息不对称。

广告宣传,俗气的表达受欢迎吗

今年过节不收礼,收礼只收脑白金

从 2002 年开始,一句俗不可耐的广告语"今年过年不收礼,收礼只收脑白金"开始频繁响在我们耳边,史玉柱新创的品牌"脑白金"随着这一广告变得家喻户晓。每次中央电视台新闻联播节目刚刚结束,忽然屏幕上蹦蹦跳跳地出现了两个卡通形象的老年人,手里拿着明晃晃的脑白金产品,而画面背景则是儿童天真无邪的语言,告诉你现在送礼已经是送脑白金了。就这样,短短一个广告,已经让你对脑白金记忆犹新。

在很多人看来,脑白金的广告一无是处,而且有很多业界人士骂脑白金的广告是毫无创意、"土得令人恶心"。然而,有趣的是,就是靠着这个在网

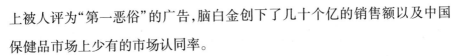

上被人评为"第一恶俗"的广告,脑白金创下了几十个亿的销售额以及中国保健品市场上少有的市场认同率。

为什么脑白金会很快占领保健品市场呢?原因只有一个,就是它被人唾骂的广告。

什么是广告?顾名思义,广告,就是广而告之,把一条消息推广开来告诉大家。广告的本质是传播,是为了某种特定的需要,通过一定形式的媒体,公开而广泛地向公众传递信息的宣传手段。如今打开电视机,是铺天盖地的电视广告;翻开报纸,迎面而来的是平面广告;走在大街上,充斥视野的是各种立体广告,广告已经和我们的日常生活形影不离了。

广告有广义和狭义之分,广义上的广告包括非经济广告和经济广告。非经济广告指不以赢利为目的的广告,如政府行政部门、社会事业单位乃至个人的各种公告、启事、声明等。狭义广告仅指经济广告,又称商业广告,是指以赢利为目的的广告,通常是商品生产者、经营者和消费者之间沟通信息的重要手段,或企业占领市场、推销产品、提供劳务的重要形式。我们现在多数说的都是后者。

广告之所以有这么大的威力,主要是它能把消息、资料传递给可能购买的顾客,激起人们购买的欲望。

说起现在的很多名牌,它们之所以能在市场上广泛流传,最大的功臣就是"广告"了。有一个公式,可以说明广告的重要性,好产品 + 好广告 = 名牌。商品只有凭借自身的质量和优质的服务再加上大量的广告宣传才能最终达到畅销的目的。现在广告的形式多种多样,不但达到了宣传效果,还娱乐了大众,成功地吸引了消费者的眼球。

就算有些广告在别人看来是庸俗的,但是它带来的利润却是客观的。就像上面案例中说到的脑白金广告一样,它曾经被评为"中国十大恶心广告之首"。但是它成名的背后是史玉柱创办的上海黄金搭档生物科技有限公司的业绩开始疯狂增长:不到两年时间,这家公司旗下拥有的"脑白金"、"黄金搭档"已成为中国最著名的品牌之一,脑白金连续四年夺得中国保健品单品销售冠军。而 2002 年开始投放市场的黄金搭档,2003 年的销售额就比 2002 年增长了 3.98 倍——一时间中国保健品单品销售的冠亚军便成了史玉柱的囊中之物。

脑白金的广告是成功的,它的成功在于它利用了中国人喜欢送礼的习惯和对健康的重视,而在保健品的基础上增加了礼品的概念,从而为自己开创了一片"蓝海"。尤其是它的广告语,通俗易懂,让人们在不经意间就记住了这件商品。

在我们的生活中,很多时候,我们最开始接触到一件新产品,很大程度上都是通过广告了解的。当广告无数次地重复在我们脑际的时候,在潜移默化中,我们就接受了这个广告,接受了这个产品,从而就会产生消费行为。一般来说,一般来说,广告既可以给商家带去利益,还可以为消费者提供信息,是比较和谐的宣传方式。

当然,也有很多投机的商家,利用广告牟取暴利。如很多虚假广告遍布街头巷尾,但消费者实际使用后感觉却没有广告中说的那样好,甚至会对消费者身心产生不良影响。

所以,消费者在消费的过程中,要仔细辨别广告的真假,不要被虚假广告误导。

捆绑销售,大量销售的戏法

买洗衣粉送袜子,是赚还是赔

小丽去超市买东西,她看见很多商品都在降价促销。有一个地方是专门促销汰渍洗衣粉的,还有很多标语,都是说什么价格直线下降,错过以后就没有机会了。其中,买一袋汰渍洗衣粉就送一双袜子,并且袜子的质量还不错。看到很多人都在那里买,小丽也跑过去看看。她心想:反正洗衣粉随时都要买,况且汰渍的洗衣粉本来就不错,平时买还贵一些。现在打折还送袜子,很划算。所以,小丽毫不犹豫地买了 5 袋回去,当然也得到了 5 双袜子。

在商场、超市里,我们经常会看到各种各样、五花八门的产品附加赠送活动。这不禁让人困惑,难道精明的商家一夜之间都成为乐善好施的慈善家了吗? 买洗发水就送梳子,食用油会搭上酱油卖,为什么超市里会出现这样的销售方式呢?

其实很简单,这就是经济学中常说的"捆绑销售"。"捆绑销售"是共生营销的一种形式,是指两个或两个以上的品牌或公司在促销过程中进行合作,从而扩大它们的影响力,它作为一种跨行业和跨品牌的新型营销方式,开始被越来越多的企业重视和运用。不是所有企业的产品和服务都能随意地"捆绑"在一起。捆绑销售要达到" 1 + 1 > 2 "的效果,取决于两种商品的协调和相互促进,而不存在难以协调的矛盾。捆绑销售的成功还依赖于正确捆绑策略的制订。

捆绑销售的形式主要有以下几种:优惠购买,消费者购买甲产品时,可以用比市场上优惠的价格购买到乙产品;统一价出售,产品甲和产品乙不单独标价,按照捆绑后的统一价出售;统一包装出售,产品甲和产品乙放在同一包装里出售。

很多商品进行捆绑销售都成功了。曾经有一款薯片搭着饮料一起销售,因为很多人在吃薯片的同时,就会选择一种饮料。如果把两种产品捆绑在一起来卖,正好迎合了消费者的需求,尤其是那些年轻的消费者。但是面对商家形形色色的捆绑销售策略,消费者往往会昏了头,迷迷糊糊地进行消费。

　　商家采取捆绑销售的商品组合往往比单价要便宜很多,是一种看似便宜的心理暗示。这种热烈的让利氛围很容易让人不知不觉地掏腰包,有用的和没用的东西买回了一大堆。如果我们买的物品是生活中的必需品,而且是可以长期使用的商品,如果不考虑商品的储藏成本以及货款提前支付成本,这种捆绑消费行为是能够获得一定收益的。但是,商场上很多捆绑销售的东西是把一个近期的产品和一个快到保质期的商品捆绑起来进行销售,通常情况下,我们还没来得及使用它就已经过了使用期,结果是白白花了冤枉钱。

　　李女士是一个家庭主妇,平时买东西很注重物美价廉,一旦超市有打折销售的商品,她就会毫不犹豫地掏腰包。前段时间,她见商场在打折卖化妆品,而且很多还是买一送一的,她买了好几瓶回家。结果回家一看,那些化妆品还有一个月就到保质期。丢了又觉得可惜,不丢又不能用,所以她很后悔。

　　由此可见,在购买东西之前,一定要弄清楚自己购买的这件商品究竟是不是自己需要的,也要弄明白商家进行捆绑销售的目的。捆绑消费,并不是见到便宜就一哄而上。我们去购物的时候,要左右权衡。一是要物有所值,擦亮眼睛,确认所购商品非次品;二是要物有所用,切忌买回一大堆用不着的便宜货。

　　消费者在商家促销面前要保持理性消费,不要因为一时"头脑发热"而导致最终后悔莫及。当然,有时商家的促销手段也力图从消费者的真实需求出发,力争和消费者达到共赢,而不是简单地激发消费者的购物冲动。这就要求我们仔细辨别,使自己的消费收益达到最大化而不至于陷入商家的小把戏中。

品牌效应：买东西还是买身份

品牌的魅力有多大

小杨搬进新房子后，打算给新家添置一台电视机。周末，小杨陪着妈妈去逛商场，发现家电市场上产品差价很大，同样是 29 寸的彩电，有的 5000 元，有的才 3000 元。小杨发现一个现象：越是价格高的产品，反而卖得越好。特别是那些名牌的东西，价格高出其他同类产品的好几倍。

这种现象让小杨感到很困惑，他曾听爸爸说过，国内家电特别是电视产品质量相差不大，用的都是进口显像管。那为什么人们选择价格高的呢？如果其他产品的质量不如名牌的，这种选择无可厚非，而在产品质量相同的情况下，这样的选择显然不太合理。

其实像上面案例中小杨遇到的这种情况在不同的场合、不同的领域都可以见到。如今很多人的消费观已经悄然发生了变化，有些人喜欢追求品牌效应，即使在同类产品中，品牌的价格要高出其他产品好几倍，但消费者还是一样接受，而且越是价格贵的东西，买的人越多。

品牌效应是有利有弊的，它是品牌的消费者和经营者共同作用的结果。那什么是品牌呢？为什么人们愿意花高价去购买所谓的品牌产品呢？品牌是一种标识，就像蒙娜丽莎的微笑一样，每个人都可以感受它的魅力，却很少有人可以清晰地表达出来。

品牌意味着高质量、高信誉、高效益、低成本。品牌的背后就是一个在市场竞争中始终立于不败之地的成功企业。在创品牌和扩大品牌覆盖面的过程中，只有通过产品结构的优化、存量资产的盘活、技术含量的提高和科学化的管理才能使企业不断发展壮大起来。

正是因为市场的变化,顾客消费观的转变,很多同类商品受到了歧视。所以很多企业花费大量的精力和费用去做广告,宣传自己的产品,使企业的成本大大增加。虽然企业的品牌建立起来了,但它们的成本都追加到了消费者身上,因此那些名牌产品能卖得更贵。一旦成为名牌,自然就有了名牌的价格,也就有了高昂的利润。

人们大多认为品牌代表了一种精神,一种象征,品牌的目标群体一定会认同这个精神。当我们看到一个人穿着一件某品牌的衣服之后或者在使用品牌的时候,我们会下意识地把这个人划入这个品牌对应的群体中,以达到品牌暗示的效应。品牌用明星做代言的目的也就是让人们认为,如果穿上这个品牌的衣服,使用品牌的商品会和明星属于同一个群体,具有明星的光环。这应该是影响力中的"社会认同"起作用,即你穿上什么品牌的衣服或使用品牌的商品,你就自然而然地成为你所认同的那个群体的一员,这样个人的心理需求就得到了满足。

如今商品经济不断发展繁荣,商品的种类也日趋丰富多彩,再加上广告铺天盖地地宣传,消费者越来越难以凭简单的经验和常识,对商品的质量和使用价值等做出正确判断。此时,产品信誉和企业形象就起了决定性作用,而这些又集中体现在品牌上。因而,品牌就起着一种导向作用,可引导消费者的选择,从而使产品在市场上获得良好的销售效果,使企业获取更大的利润。

在生活中,每个人都可以感受到品牌的魅力。品牌不仅仅是一种符号结构,一种产品的象征,更是企业、产品、社会的文化形态的综合反映和体现。品牌在产品宣传中能够使企业有重点地进行宣传,简单而集中,效果明显,印象深刻,有利于使消费者熟悉产品,激发购买欲望。

很多消费者买东西注重品牌是一种很现实的心态,毕竟"一分钱一分货"。对多数人来说,当他们在商场买物品时,脑海里的第一直觉就是看这个物品的品牌,若品牌在市场上知名度高,虽然贵他们也愿意买,不会过多

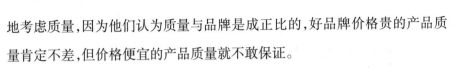

地考虑质量,因为他们认为质量与品牌是成正比的,好品牌价格贵的产品质量肯定不差,但价格便宜的产品质量就不敢保证。

人们总是容易先入为主,购买他们知道的名牌商品,认为这些商品比那些不知名的产品质量好,而且他们还固执己见,不愿尝试不知名的产品,唯恐上当。

虽然说追求品牌没错,但是还是要有一个正确的消费观,毕竟谁也不敢否认有些商家利用消费者的这种心态,自制"品牌"。虽然给商家的经营带来了可观的效益,但站在消费者的立场,却没有达到物有所值的效果。

其实,买东西时,品牌不是衡量它的唯一标准,不要盲目跟从和效仿,应购买自己需要的产品,买对比买贵更加实际。很多时候,品牌只是一种概念消费,要慎重对待。

消费者剩余,别"掏空"了自己

衣服买贵了还"笑呵呵"的

有一天,玲玲到一个做服装生意的朋友那里去玩。正好有一个顾客在买衣服,那件衣服的标价是 500 元。顾客说:"你便宜点吧,300 元我就买!"朋友说:"你太狠了吧,你给 450 元,大家各走一步。"顾客说:"不行,就 300 元。"随后,他们又进行了一番讨价还价,最后朋友说:"好吧,就 320 元,不能再少了。"

顾客准备去交款了,但一会儿又不好意思地说自己不要了,因为钱不够了。朋友看她那样,就问她有多少钱。顾客说:"不是我不想买,的确是钱不够了,只有 280 元钱了。"最后朋友似乎下了狠心,说:"就 280 元给你吧,算是给我开张了,说实在的,我是一分钱都没有挣你的。"顾客满脸堆笑地买到衣服走了。

后来朋友告诉玲玲,那件衣服其实才 80 元钱进的货。因为现在都时兴讲价,商家就要给顾客留出讨价还价的空间,要让顾客在心理上获得一种满足。听到朋友这样说,玲玲直感慨。

故事中玲玲的朋友是一个精明的生意人,他懂得通过讨价还价让顾客心理上获得一种满足。而这种"心理上的满足"在经济学中就叫做"消费者剩余"。

消费者剩余是马歇尔在《经济学原理》一书中提出来的。它指的是消费者从商品的消费中得到的满足程度超过他实际付出的价格部分。简单的公式是:消费者剩余=消费者愿意付出的价格-消费者实际付出的价格。消费者剩余是主观的,并不是消费者实际货币收入的增加,仅仅是一种心理上满足的感觉。买了消费者剩余为负的感觉也不是金钱的实际损失,无非就是心理上挨宰的感觉而已,是被欺骗的感觉。

由此,我们就明白了平时商家为什么会大力让价促销,会打折了,他们无非是让顾客心理上获得一点满足而已。其实消费者剩余是不会给顾客带来实际收益的,而对商家却是有利的一种销售方法。

在我们的日常生活中,消费者剩余可以被广泛地作为一种分析工具来加以应用,它是衡量消费者福利的重要指标。有谁不喜欢有"剩余"呢?那些所谓的砍价高手,他们之所以津津乐道于自己的砍价本领,就是因为他们从中赚到了"剩余"。而商家也正是利用这样的契机,赚到了属于商家的"甜头"。

比如,你在商场里看中了一件夹克,200元的价格,你在购买时肯定要向卖夹克的人砍价,问150元卖不卖,卖衣服的当然理解你的这种心理,往往会同意让步,促使你尽快决断,否则你就会有到其他柜台看看的想法。讨价还价可能在120元、130元成交,在这个过程中,消费者追求的显然不是效用最大化,就是希望买到心里的最低价位。它实际上是你对这件衣服的主观评价而已,就是为所购买的物品支付的最高价格。如果市场价格高于你愿意支付的价格,超出了心理预期,你就会放弃购买,觉得不值,这时你的消费者剩余是负数,你就不会购买了;相反,如果市场价格低于你愿意支付的价格,

你就会购买,觉得很值,很划算,这时就有了消费者剩余。

在购买东西的时候,商家会看你的购买欲望是不是很强烈。一旦交易成功之后,顾客在心理上得到了满足,其实在价格方面一样没有获得实际的便宜,而商家却美滋滋地赚了一笔。由此可见,在我们想购买某种商品的时候,千万不要表现出对这件商品非常钟爱,要表现出一副无所谓的态度,甚至表现出对该商品的"不满",这样,商家以为你不太想买,一般就不会提高价格。

在现实的经济活动中,经济行为者即购买者不仅不具备完全信息,而且处理信息的能力十分有限,从而使其决策行为面临着不确定性。既然不确定性具有经济成本,减少其不确定性就是一项收益——尽可能消除信息的不对称性,将"不确定性"变为"确定性"、变"无定"为"锁定"就能获取比较高的收益。做生意的人会利用提高顾客的消费者剩余促成交易,而对于消费者来说,则可以利用消费者剩余理论砍价。

在现实生活中顾客并不总是能够得到消费者剩余的。在竞争不充分的情形下,或者具有"洛阳纸贵"的商家可以对某些消费者提价,使这种利益归商家所有。更有甚者,有些商家所卖商品并不明码标价,消费者去购买商品时就漫天要价,然后再与消费者讨价还价。消费者要想在讨价还价中获得消费者剩余,在平时就必须注意观察各种商品的价格和供求情况,在购买重要商品时至少要货比三家并与其卖主讨价还价,最终恰到好处地拍板成交,获得消费者剩余。

"消费者剩余"是一种额外的效用,它只是一种心理感觉,是一种福利感或满足感。然而正是这种满足感或福利感,在很多时候左右着消费者的购买行为,从而影响着市场上的需求。

总之,消费者在购买商品的时候,千万不要让商家一眼就看穿你的购买欲望和心思,别让商家把你的口袋掏空了,要给自己的口袋多留点钱。

参考文献

[1]吴文铭.受益一生的心理学启示[M].北京:中国纺织出版社,2008.

[2]成果.心理学的诡计[M].北京:中国纺织出版社,2010.

[3]凡禹,岳忆.一生要知道的心理学定律、经济学定律大全集[M].北京:新世界出版社.2011.